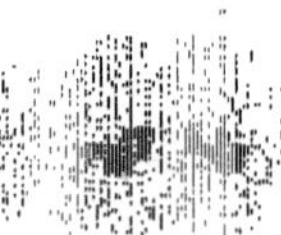
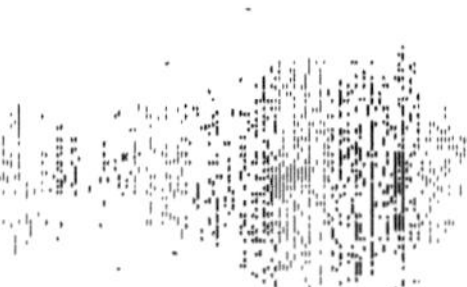
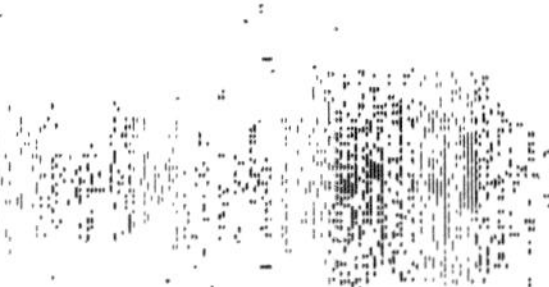
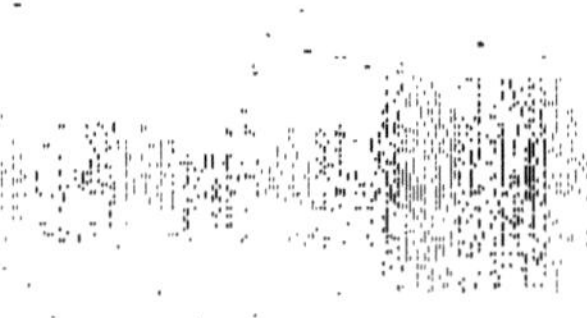
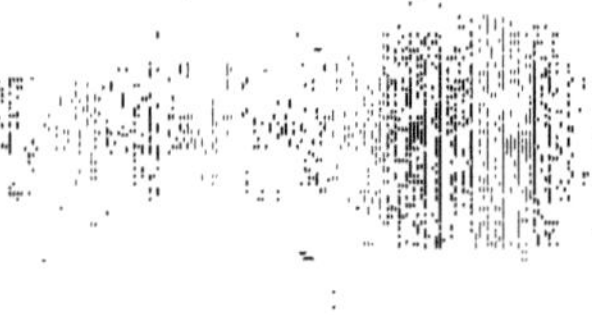
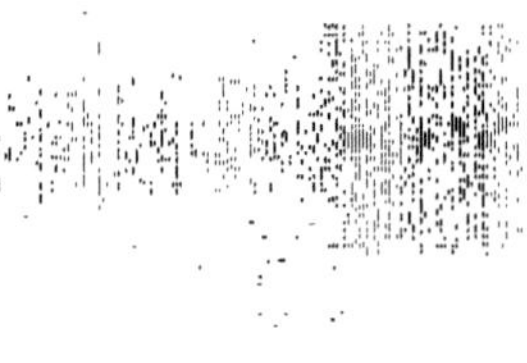
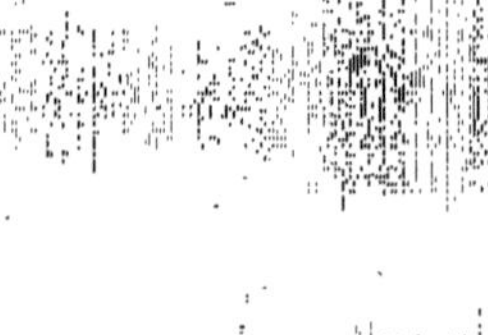
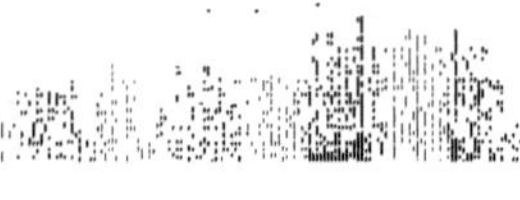

J.-ALFRED PORRET

L'INSURRECTION

DES CÉVENNES

1702-1704

ESQUISSE HISTORIQUE

ACCOMPAGNÉE DE NOTES ET D'APPENDICES

LAUSANNE
F. PAYOT, libraire-éditeur,
Rue de Bourg, 1.

PARIS
P. MONNERAT, libraire,
Rue de Lille, 48.

1885

L'INSURRECTION DES CÉVENNES

L'INSURRECTION

DES CÉVENNES

1702-1704

ESQUISSE HISTORIQUE

ACCOMPAGNÉE DE NOTES ET D'APPENDICES

PAR

J.-ALFRED PORRET

LAUSANNE
F. PAYOT, libraire-éditeur,
Rue de Bourg, 1.

PARIS
P. MONNERAT, libraire,
Rue de Lille, 48.

1885

A A[E] P.-T.

Hommage

de

fidèle et reconnaissante affection

1870-1885

AVANT-PROPOS

Ce petit volume retrace l'un des drames les plus saisissants de l'histoire moderne. Quelques recherches originales, plusieurs études de seconde main : voilà ce que nous y offrons au lecteur. Nous nous sommes efforcé d'être bref, exact et vivant. Nous souhaitons que ces pages préparent les voies à la réimpression prochaine du monument capital du prophétisme cévenol.

A vrai dire, c'est avec un regret mêlé de quelque appréhension que nous les laissons prendre leur volée. Cet opuscule porte la marque fâcheuse de ses origines. La partie centrale, ayant été donnée en conférences publiques, est linéaire. Les notes et les appendices, parfois détaillés, ont été écrits après coup en vue de combler des lacunes. Il en résulte quelque chose de discord, de rompu, que nous sentons, et dont nous exprimons ici franchement nos regrets, en prévenant peut-être ceux de nos critiques.

Nous osons pourtant espérer que ce petit livre ne sera lu ni sans intérêt, ni sans profit. Il est actuel, quoique relatif à des temps lointains. L'insurrection des Cévennes fut la conséquence de la Révocation, dont une date récente a rappelé les horreurs. Aujourd'hui, que la liberté religieuse, posée dans le droit moderne, se trouve compromise, ici et là, par les coupables complaisances de ceux qui devraient la défendre à tout prix, il est bon de rappeler qu'il y a une logique dans le despotisme, et qu'en s'y abandonnant, un peuple, une société, marchent aux abîmes. Enfin, au sein de l'épuisement moral dont nous souffrons, nous ne pouvons que gagner à faire connaissance avec des hommes, qui, serviteurs fidèles de leurs consciences, immolèrent tout, sans arrière-pensée, à ce qu'ils croyaient la vérité.

Lausanne, 30 octobre 1885.

L'Auteur.

L'INSURRECTION

DES CÉVENNES

I.

On ne célèbre pas l'anniversaire des crimes. L'Eglise protestante a fêté les centenaires de Luther et de Zwingli ; elle s'est bornée à raconter la Révocation de l'Edit de Nantes. « La justice de l'histoire est d'infliger le souvenir » : il ne fallait pas qu'un des attentats les plus odieux qui aient jamais été commis contre les droits sacrés de l'homme, passât sans flétrissure. Le 18 octobre 1685 est une date honteuse et néfaste de l'histoire de France. Acte aussi insensé qu'inique, la Révocation ne fut point irréfléchie. Préparée pendant vingt-cinq ans, par des mesures de plus en plus oppressives et violentes, elle déshonore à jamais le règne du despote auquel l'adulation de ses courtisans décerna le titre de Grand. Rien surtout n'effacera la honte dont elle couvre l'Eglise corrompue, qui, l'ayant inspirée, y présida et n'eut pas honte d'y applaudir. Elle fit perdre à la France au moins quatre cent mille de ses meilleurs enfants. Que ne souffrirent pas ceux qui, demeurant fidèles à leurs convictions, étaient demeurés, pour une raison ou pour une autre, sur le sol de la patrie ! Les prisons regorgèrent [1]. Les galères se remplirent de

[1] Et quelles prisons ! « Dans plusieurs on ne respirait que par d'étroites fentes ouvertes sur des fossés fiévreux. Les rats, les serpents mêmes, des insectes hideux y pullulaient dans les ténèbres. Telles prisons étaient si mouillées, si moisies et si froides, qu'on y perdait les dents et les cheveux. Plusieurs cachots étaient des puits où l'eau montait en certains temps ; d'autres, le passage des latrines d'un couvent, d'une ville, ou enfin une voirie où pleuvaient les charognes,

forçats pour la foi[1]. De nobles chrétiens furent déportés aux Antilles[2]. Partout les échafauds se dressèrent. Les temples furent rasés, l'assistance au prêche étant défendue sous les peines les plus sévères. En même temps, les exécrables Dragonnades, les « missions bottées » reprirent un élan nouveau[3].

où des corruptions de toutes sortes, des entrailles de bêtes pourrissaient sous l'homme vivant. » (Michelet, *Louis XIV et la Révocation de l'Edit de Nantes*, page 318.)

[1] Voir entr'autres les livres suivants, réimprimés ces dernières années, les deux premiers en réponse à un vœu de Michelet :

1° *Relation des tourments qu'on fait souffrir aux Protestants sur les Galères de France*, par Jean Bion. Londres, 1700. Réimpr. en 1881.

2° *Mémoires d'un Protestant*, *condamné aux Galères de France paur cause de Religion, écrites par lui-même* (Jean Marteilhe, de Bergerac). Rotterdam, 1707. Réimpr. en 1864.

3° *Histoire des souffrances du bienheureux martyr Louis de Marolles*. La Haye, 1699. Réimpr. en 1883.

[2] Notamment *Serres*, de Montpellier, dont le récit émouvant, publié pour la première fois en 1688, a été récemment réédité par M. Matth. Lelièvre, sous le titre : *Un Déporté pour la foi.*

[3] « Le roi, avait écrit Louvois à Noailles, qui lui

En se levant de la table où ils avaient bu et mangé aux dépens de leurs hôtes, les soldats, libres de tout frein, se montrèrent d'une férocité joviale et inventive qui dépassa ce que la rage païenne avait su trouver contre les premiers chrétiens. Ils exagérèrent les ordres, déjà terribles, du despotisme. L'eau, le feu, la poudre, l'huile bouillante, furent tour à tour mis en œuvre par eux. La faiblesse ne désarma pas la brutalité. La pudeur fut foulée aux pieds [1]. Après les corps, on tortura

demandait jusqu'où il fallait pousser les choses, *le roi veut que vous vous expliquiez durement avec les derniers qui s'obstineront à lui déplaire.* » — La tactique constante de la cour fut de tromper Louis XIV, en lui représentant la Réforme comme vaincue et réduite à rien. C'est l'excuse du despote.

[1] Voici le témoignage non suspect d'Elie Benoît :

« Les bourreaux se relayaient pour ne pas succomber aux tourments qu'ils faisaient subir aux autres... Ils privaient leurs victimes de tout repos. Les pincer, les tirailler, les suspendre avec des cordes, leur souffler dans le nez la fumée du tabac et cent autres cruautés, étaient le jouet de ces bourreaux, qui réduisaient par là leurs hôtes à ne savoir ce qu'ils faisaient et à promettre tout ce qu'on voulait pour se tirer de ces mains barbares. Ils faisaient aux femmes des indignités que la pudeur ne permet pas de déles cœurs. Les Huguenots avaient tout sacrifié pour leur foi ; ils y tenaient plus qu'à leur vie ; on prit leurs enfants, et on les livra à des religieuses, qui, dans l'art de « convertir », se montrèrent les dignes émules des dragons royaux[1]. Il y eut, à l'ombre de certains cou-

crire... Ils ne s'avisaient d'avoir pitié que quand ils voyaient quelqu'un prêt à mourir et tombant en défaillance. Alors, par une cruelle compassion, ils lui faisaient revenir les esprits et lui laissaient reprendre quelques forces, pour renouveler après cela leurs premières violences. C'était là le plus fort de leur étude et de leur application, que de trouver des tourments qui fussent douloureux sans être mortels, ou de faire éprouver à ces malheureux objets de leur fureur, tout ce que le corps humain peut endurer sans mourir. » (*Histoire de la Révocation de l'Edit de Nantes*, tome V, p. 832, 833.)

[1] Cette suprême infamie fut préparée, avant la Révocation, par divers édits. « Voulons, et nous plaist, est-il dit entr'autres dans la déclaration du 17 juin 1681, que nos dits sujets de la R. P. R. tant mâles que femelles, ayant atteint l'âge de sept ans, puissent et qu'il leur soit loisible d'embrasser la Religion Catholique, Apostolique et Romaine, et qu'à cet effet ils soient receus à faire abjuration de la R. P. R. sans que leurs pères et mères et autres parens y puissent donner aucun empeschement... » Dans les déclarations de mars 1661 et du 1er février 1669, l'âge de l'abjuration était quatorze ans pour

vents, des drames à arracher des larmes aux pierres, des héroïsmes à faire tressaillir d'admiration [1]. Ainsi pendant dix-sept ans. Sauf

les garçons, et seize pour les filles. En 1686, il y a progrès : « Voulons en outre qu'il soit au choix des convertis, âgés de sept ans accomplis, de retourner en la maison de leurs pères et mères pour y estre nourris et entretenus, ou de se retirer ailleurs et leur demander pour cet effet une pension proportionnée à leurs conditions et facultés, laquelle pension lesdits pères et mères seront tenus de payer à leurs enfants de quartier en quartier. Et, en cas de refus, Voulons qu'ils y soient contraints. » Le despote conclut par ces mots typiques : « Car tel est notre plaisir ». *Recueil des Edits, Déclarations du Roy*, etc. 1681, pages 156, 193.

Le 19 février 1698, une chétive enfant de cinq ans et quelques mois, fut arrachée des bras de sa mère. Son père la réclama au ministre Châteauneuf en ces termes : « Vous seriez touché de notre état, Monseigneur, si je vous le pouvais dépeindre aussi déplorable et douloureux qu'il est ».

[1] Deux exemples seulement entre des centaines. Une jeune fille de Belesme (Orne), ayant été enfermée dans un couvent d'Alençon, fut battue par les religieuses, jusqu'à ce que son corps ne fût qu'une blessure, et jetée pour la nuit, sans pain et sans couverture, dans un grenier où il gelait fortement. Le lendemain, ses plaies étaient livides et elle paraissait mourante. Elle resta épileptique. Sa santé, comme celle de Blanche Gamond, dont tout le monde sait la

quelques soulèvements isolés, les persécutés, exhortés à la patience par leurs pasteurs les plus vénérés, et puisant en haut leur énergie, avaient tout supporté sans céder à la tentation de prendre les armes pour se défendre [1].

touchante et douloureuse histoire, fut perdue du coup. —Il y avait à Uzès une maison, dite « de propagation». Un jour, par ordre de l'Intendant Bâville, en présence des directrices, de prêtres et de dignitaires juridiques, on fouetta dix jeunes huguenotes avec des étrivières de cordes armées de boules de plomb, jusqu'à ce que leur dos à chacune ne fût plus qu'une sanglante déchirure. Leurs cris retentissaient dans la rue. Elles restèrent néanmoins fermes en Jésus-Christ, s'exhortant mutuellement de la façon la plus touchante. (Cf. Jurieu, *XXe lettre pastorale.*)

[1] « Il y avait dans le peuple des Cévennes, écrit en février 1692 Brousson, qui, porté à la douceur par tempérament autant que par conviction, condamna à diverses reprises les violences de son collègue Vivens, il y avait des gens qui étaient tellement animés par les maux qu'on leur faisait souffrir, qu'ils entraient dans une espèce de désespoir. On avait enfreint les édits et les traités de pacification, dont l'observation avait plusieurs fois été solennellement jurée dans tout le royaume. On avait exercé contre les Réformés des violences et des hostilités horribles. » (*Relation sommaire des merveilles que Dieu fait en France*, p. 28.) Brousson rapporte entr'autres un trait de férocité brutale digne des Pandours. Un

L'intendant du Languedoc était alors Lamoignon de Bâville, un administrateur capable et laborieux, mais un homme sinistre, dévoué corps et âme au pouvoir royal et ne reculant devant aucune mesure pour lui obtenir le dernier mot, cruel sans passion, froidement, féroce et sanguinaire par conviction et par calcul. Saint-Simon a dit de lui qu'il fut « la terreur et l'horreur » de sa province. Opposé à la Révocation, qu'il estimait fâcheuse politiquement, il l'avait acceptée à regret, il l'avait subie ; mais une fois qu'elle eut été prononcée, il l'appliqua fermement et sans réticence. Louis XIV n'était-il pas son

dragon, voyant dans un massacre, un nourrisson qui lui souriait au milieu des cadavres sanglants, l'embrocha avec sa baïonnette, et, l'élevant tout palpitant, cria à un de ses camarades : « Eh ! vois-tu cette grenouille ? » — Il fallait, ajoute Brousson, pour souffrir de tels traitements, « la patience des anges ». Tout ceci se rapporte aux années qui ont suivi immédiatement la Révocation (1685-1689)... Que n'arriva-t-il pas après ! Qu'on se le dise avant de répéter des condamnations aussi injustes que banales ! Les persécutés des Cévennes ne prirent les armes qu'après avoir eu « la patience des anges » pendant dix-sept ans.

dieu? Coûte que coûte, il fallait que sa volonté fût obéie[1]. Or, sous la juridiction de Bâville, se trouvaient les contrées de la France dans lesquelles la Réforme avait opéré les conquêtes les plus étendues et les plus solides. Il régissait en particulier les Cévennes, cette chaîne de montagnes jetée comme un trait d'union des Alpes aux Pyrénées[2], et dont les eaux

[1] « J'ai toujours condamné la Révocation, écrivait-il entr'autres ; c'est une faute énorme ; elle a précipité le royaume dans une crise dangereuse ; mais revenir sur ses pas, c'est s'enfoncer plus avant dans l'abîme. On avilirait le roi, sans apaiser les protestants... C'est pourquoi il faut marcher en avant, achever rapidement les conversions, fermer son cœur à la pitié, la bouche à l'humanité et à la religion, et sauver l'Etat. C'est la suprême loi. » Rien de nouveau sous le soleil. On croirait entendre un politicien moderne.

[2] Le théâtre de l'insurrection a proprement embrassé six diocèses, savoir : celui de Mende, celui d'Alais, celui de Viviers, celui d'Uzès, celui de Nîmes et celui de Montpellier. Fléchier, connu par l'oraison funèbre de Turenne, occupait le siège épiscopal de Nîmes. D'après les calculs de Court ces diocèses comprenaient, en 1698 : 496,924 habitants catholiques et 167,278 protestants. Les Réformés n'étaient en majorité que dans le diocèse d'Uzès. La noblesse était partout plutôt catholique que protestante.

s'écoulent soit vers l'ouest, par le Tarn, dans la Garonne et le golfe de Gascogne, soit vers le sud-est dans la Méditerranée par le Rhône. Dans les Hautes Cévennes, le climat est sévère et le sol aride. Des torrents et des rivières qui se laissent d'habitude passer à gué, qui tarissent même pendant l'été, deviennent à la fonte des neiges ou à la suite d'un orage, des fleuves furieux, dévastant, entraînant tout sur leur passage. Leurs principaux exutoires, inconstants et dangereux comme eux, sont le Tarn, le Gardon d'Anduze et celui d'Alais. Certaines sommités ne manquent pas de grandeur, mais la plupart sont abruptes et désolées; on dirait des remparts, des bastions, des tours, tandis que les vallées, étroites et brisées, ne sont que des gorges. Jamais nous n'oublierons l'impression que nous avons éprouvée en voyant du sommet d'un col la chaîne se dérouler devant nous presque tout entière, dans la lumière d'une admirable matinée du mois de mai [1]. Le spectacle était

[1] Le col de *Chalsio*, entre le Pont-de-Montvert et Vialas.

imposant, même pour un Suisse habitué aux vastes panoramas du Jura. La population des Hautes-Cévennes pratiquait, il y a deux siècles, l'agriculture, l'élève des bestiaux, et fabriquait des serges. Elle était sobre par principes autant que par nécessité. Elle était brave aussi. On la considérait, vers 1700, comme fournissant à la France ses meilleurs soldats. De bonne heure, elle avait embrassé la Réforme. En 1553, Marvejols, l'un des chefs-lieux d'arrondissement du département actuel de la Lozère, ouvrit ses portes à Théodore de Bèze. Depuis lors, et cela à plus d'une reprise, on avait, dans cette contrée, beaucoup souffert pour la foi. De même dans les Basses-Cévennes, couronnant, au nord-ouest, la plaine qui s'achève aux flots azurés de la Méditerranée[1]. Comparativement fertiles, les

[1] En 1560, le comte de Villars, lieutenant royal en Languedoc, fit piller par ses soldats toutes les maisons des protestants de Saint-Jean-du-Gard. Les femmes subirent les derniers outrages, et deux en moururent. Plusieurs Réformés périrent de froid dans les cavernes où ils s'étaient retirés. « Néanmoins, dit Théodore de Bèze qui rapporte ce fait, les Réformés continuèrent à s'assembler plus courageusement que jamais, et quoique la désolation fût grande,

Basses-Cévennes abritaient, à la fin du XVIIe siècle, une population plus riche, mais non moins attachée à l'Evangile que celle des Cévennes-Hautes. Petits de taille et robustes, ceux qui la composaient cachaient sous un extérieur assez ordinaire, une foi vivante et un ardent amour de la liberté. Là non plus il n'y avait pas de vices. Grâce au travail et à l'économie, l'aisance était venue dans des conditions qui ne semblaient pas la permettre. Les Cévenols faisaient un commerce actif avec la plaine où s'ouvre l'un des plus beaux pays de France, une terre produisant tout comme d'elle-même, tout aussi y prospérant à souhait. A vrai dire, le châtaignier foisonne sur les versants méridionaux des montagnes; le mûrier et la vigne y prospèrent; mais dans la plaine se trouvent l'olivier et les arbres fruitiers du midi, le figuier, le grenadier, l'amandier[1]. Achevons ces détails, nécessaires pour

l'Eglise de Mialet ne fut jamais abandonnée par ses Ministres, encore qu'il y eût au dit lieu une compagnie de Gascons très méchants. » (*Hist. ecclés.* Livre III, p. 341.)

[1] C'est le cas en particulier dans la *Vaunage*, large et longue vallée située non loin de Nîmes, et où les

placer le drame que nous devons résumer dans son cadre, en disant que la vie religieuse n'était, vers 1700, nulle part plus intense que dans les Cévennes [1]. L'un des principaux pas-

villages se touchent. L'un d'eux, Nages, célèbre par une défaite des Camisards, lui a donné son nom (Vaunage : vallon de Nages). Les protestants, qui y comptaient, avant la Révocation, une trentaine d'églises prospères, l'avaient surnommée « la petite Canaan ». Voyez Court, *Histoire des Camisards*, tome II, p. 166.

[1] Chez ceux-là, bien entendu, qui étaient demeurés fidèles. Il y eut en effet des épurations successives, et l'on se tromperait du tout au tout, en voyant à la Révocation, les Réformés décidés à souffrir jusqu'au bout, plutôt que de paraître renier leur foi. Jurieu est ici un témoin non suspect : « Je connais, écrivait-il le 15 juillet 1687, une infinité de gens qui ont succombé aux signatures, mais le nombre des personnes qui ont été séduites est si petit, qu'il ne mérite pas d'être compté ». Voici du reste des renseignements inédits, se rapportant à l'une des localités qui jouèrent un rôle dans la guerre des Cévennes. Le registre des conversions de la Réforme au catholicisme fut ouvert à Saint-Germain-de-Calberte le 15 octobre 1685. Jusqu'au 22 juillet 1686, il y eut cent trente-cinq abjurations, mais plusieurs furent collectives (jusqu'à cinquante). On en jugera par l'échantillon suivant, textuel, sauf l'orthographe :

« Le sixième jour du mois de mai 1686, je soussi-

teurs du Désert, Claude Brousson (1647-1698), y avait prêché au travers de dangers constants

» gné, missionnaire de la paroisse de Saint-Germain-» de-Calberte, atteste, comme Demoiselles Isabeau et » Marie de Belcastel, sœurs, du lieu et paroisse de » Maugiros (?), après plusieurs exhortations pres-» santes qui leur ont été faites de la part de Made-» moiselle la marquise de Portes, aussi bien que par » noble Giberne, seigneur de Valloste, dans la maison » même duquel elles ont resté sur son cautionnement » depuis leur capture, et par moi-même, ont été » reçues cejourd'hui par moi à la foi et religion » catholique, apostolique et romaine, fait abjuration » de toute hérésie et ont promis de vivre et mourir » dans la dite religion et d'y professer les vérités » chrétiennes et orthodoxes, conformément à la doc-» trine de Jésus-Christ et de ses Apôtres.

» Fait au château de Gibertin, appartenant au dit » sieur de Valloste, en sa présence, et de Monsieur » de La Fabrègue, docteur en droit et Juge de la » Baronnie de Saint-Germain, dépendance du mar-» quisat de Portes. La dite demoiselle Isabeau ayant » dit ne pouvoir signer, à cause de sa faiblesse et » d'une blessure qu'elle a à la main droite, et la dite » demoiselle Marie a dit ne savoir signer, en foi de » quoi signent : *Laidon*, doctrinaire ; *De La Fabrègue*, » juge ; *De Valloste.* »

Mademoiselle Isabeau de Belcastel avait été blessée à la tête d'un coup de sabre, dans une assemblée surprise par les dragons, près de Tonnas. (Voyez Jurieu, *IVe lettre pastorale*, p. 83.)

Neuf ans plus tard, en 1695, le Cévenol Henri,

avec un amour et un zèle infatigables[1]. Puis, des phénomènes étranges sur lesquels nous aurons à nous arrêter, étaient apparus depuis quelques années comme un secours d'En Haut, comme une réponse divine aux larmes et aux gémissements de « l'Eglise sous la croix ». Des enfants, qui ne savaient que le patois de leurs montagnes, s'étaient mis subitement à parler en bon français avec une souveraine éloquence. Même un nourrisson de treize

disciple de Brousson, avait encore sujet de se plaindre du manque de zèle : « Il y a dans les Cévennes, écrivait-il à son maître, des endroits où les gens se sont relâchés dans la piété et tellement pervertis, qu'ils vont en foule dans le temple des idoles pour faire bénir leurs mariages, pour faire baptiser leurs enfants, pour éviter de souffrir quelque chose pour la gloire de Dieu... » (O. Douen. *Les premiers Pasteurs du Désert*, tome II, p. 188.)

[1] Et cela à deux reprises, savoir : Dans une première mission, de 1689 à 1693 ; puis, dans une nouvelle, séparée de la première par un séjour en Suisse et en Hollande, par des courses missionnaires au travers de la Picardie, de la Champagne, de la Normandie, de l'Ile-de-France, de l'Orléanais, de la Beauce, du Nivernais, de la Bourgogne. Cette dernière mission ne dura que quinze mois (août 1697—novembre 1698).

mois l'avait fait[1]..... Gloire au Seigneur! Il visitait son peuple! Il allait sans doute le délivrer! Les inspirés, « les prophètes », comme on les nommait, se multiplièrent. Et tandis que les dragons de Bâville sillonnaient

[1] Voici le narré de ce dernier fait dans le *Théâtre sacré des Cévennes.* « Environ un an avant mon départ (c'est-à-dire vers 1701), raconte *Jean Vernet*, de Bois-Châtel, en Vivarais, deux de mes amis (Antoine Coste et Louis Talon) et moi, allâmes visiter Pierre Jaquet, notre ami commun, au moulin de l'Eve, proche de Vernon. Comme nous étions ensemble, une fille de la maison vint appeler sa mère, qui était avec nous, et lui dit : Ma mère, venez voir l'enfant. Ensuite de quoi la mère elle-même nous appela, nous disant que nous vinssions voir le petit enfant qui parlait. Elle ajouta qu'il ne fallait pas nous épouvanter et que ce miracle était déjà arrivé. Aussitôt, nous courûmes tous. L'enfant, âgé de 13 à 14 mois, était emmaillotté dans le berceau, et il n'avait encore jamais parlé de lui-même, ni marché. Quand j'entrai avec mes amis, l'enfant parlait distinctement en français, d'une voix assez haute, vu son âge, en sorte qu'il était aisé de l'entendre par toute la chambre... La chambre où était cet enfant se remplit ; il y avait pour le moins vingt personnes et nous étions tous pleurant et priant autour du berceau... J'ai beaucoup ouï parler d'un autre petit enfant à la mamelle, qui parlait aussi, à Clieu, dans le Dauphiné ».

« J'ai vu, dit Jacques Dubois, de Montpellier, un

le pays et le désolaient par leurs cruautés, à la voix des témoins de la vérité appartenant à tous les âges, disséminés dans tous les lieux, des conversions nombreuses s'accomplissaient, les persécutés étant affermis et rendus capables de braver des tortures nouvelles. Preuve en soit ce cri significatif d'un prêtre de Rome, luttant sur les lieux contre le mouvement sans parvenir à l'arrêter : « La religion est perdue; elle périra, si l'on n'y porte un prompt remède[1] ». Ce remède, c'étaient les

garçon de quinze mois, entre les bras de sa mère, à Quissac... Il parlait en bon français, distinctement et à haute voix. » (*Théâtre sacré*, p. 140 et 152.)

L'apostat Brueys a reconnu et attesté le fait général. « Il y avait, dit-il, une infinité de petits prophètes ; il y en avait des milliers. » (*Histoire du fanatisme de notre temps*, tome I, p. 4.) Il nous semble en effet, étant données la richesse et la variété des témoignages, impossible de nier le fait, quitte à chacun de l'expliquer comme il l'entend. (Voir l'*Appendice II*.)

[1] On peut juger de l'état des choses par cet aveu, assurément non suspect, du curé de Saint-Germain, L'ouvreleuil :

« Notre Foy se ruinait tous les jours... En avril 1702, les Eglises furent désertes aux Fêtes de Pâques... Les Pasteurs (curés) aperçurent un relâchement presque général. » (*Fanatisme renouvelé*, I, p. 23 et 30.)

exécutions et les tortures. Rome n'a jamais rien perdu faute d'employer le fer et les flammes, et celui qui devait la servir dans cette occurrence était déjà prêt[1].

Il s'appelait François de Langlade du Chaila. D'une famille noble du Gévaudan, il avait, dès sa jeunesse, manifesté un attrait singulier pour la prêtrise, et s'était voué pendant quelques années à évangéliser les sectateurs du Bouddha, sans obtenir d'ailleurs aucun succès. En revanche, il avait rapporté de ces

Les faits s'étaient ainsi chargés de renverser les déclamations de Bossuet, prenant en janvier 1686 ses désirs et les apparences d'un jour pour des réalités définitives, et s'écriant naïvement : « Une hérésie invétérée est tombée tout-à-coup. Nous avons vu les troupeaux égarés revenir en foule, et nos églises trop étroites pour les recevoir... Touchés de tant de merveilles, épanchons nos cœurs sur la piété de Louis ! Poussons jusqu'au ciel nos acclamations!..... Par vous, grand Roi, l'hérésie n'est plus : Dieu seul a pu faire cette merveille. Roi du ciel, conservez le Roi de la terre ! » (*Oraison funèbre de Michel de Tellier.*)

[1] « Des mains levées vers le ciel enfoncent plus de bataillons que des mains armées de javelots. » Ainsi a dit Bossuet quelque part. Malheureusement la pratique de son Eglise a été la négation presque constante de cette belle théorie.

pays orientaux où l'on cultive la souffrance et la volupté comme nulle part ailleurs, des supplices inconnus aux convertisseurs qui l'avaient précédé. Curé de Saint-Germain-de-Calberte depuis 1686, Prieur de Laval, Archiprêtre des Cévennes, il fut appelé, vers 1700, par l'évêque de Mende, à travailler, sous le titre d'inspecteur des missions, à la conversion des hérétiques. L'évêque attendait beaucoup de lui ; Du Chaila dépassa toutes ses espérances. Installé au Pont-de-Montvert, petit bourg des Hautes-Cévennes, jeté sur les deux rives du Tarn, qui n'est encore à cet endroit qu'un gros torrent écumant dans un lit encombré de pierres, il rayonna au travers du pays, traquant les Réformés avec l'âpreté d'un limier. Quiconque refusait d'assister à la messe, quiconque essayait de se dérober par la fuite à la persécution, pouvait se dire qu'il avait « l'Archiprêtre » sur ses traces. Lorsqu'il avait saisi quelque suspect, il le jetait dans les caves de sa maison, dont l'une, fournie d'un soupirail étroit, lui servait de geôle, tandis que l'autre, plus vaste, et seulement éclairée par une lampe, était sa chambre de torture. C'est là qu'il ordonnait les supplices, et que, parfois, il les exécutait de sa propre main. Tantôt, il serrait les jambes dans des entraves, attendant que l'arrêt de la circulation du sang y déterminât la gangrène; tantôt, il épilait ses victimes avec des pinces; ou bien, il les contraignait de garder jusqu'à complète extinction des charbons ardents dans les mains; tantôt enfin, il leur enveloppait les doigts d'étoupes imbibées d'huile, qu'il allumait comme une lampe... Il accueillait en riant les cris de souffrance. Aux gémissements, il répondait par de lourdes plaisanteries [1]. Ces caves sinistres ! On a bien raison de dire que les souvenirs éclairent et animent les lieux. Nous n'avons pas été maître de notre émotion en y pénétrant et en les retrouvant, il y a quelques années, à peu de chose près telles qu'elles étaient il y a bientôt deux siècles.

[1] Ainsi, en tourmentant un nommé Lefort, il disait de temps à autre : « Hé, Fort, Fort ! Tu es fort, mais je suis encore plus fort que toi ! »

A plus d'une reprise, les Réformés avaient averti Du Chaila qu'il aurait à rendre un compte sévère de ses cruautés s'il ne se modérait pas[1]. Jamais pourtant, quoiqu'ils l'eus-

[1] Court, *Histoire des Camisards*, tome I, p. 54. — Dans une brochure sur Du Chaila, le doyen Rescossier, du Chapitre de Marjevols, confesse que l'Archiprêtre avait bien des défauts : il était fourbe en même temps que féroce. M. Peyrat (*Histoire des Pasteurs du Désert*) l'accuse aussi de mœurs licencieuses, mais sans preuves suffisantes, nous semble-t-il. (Cf. Court, *op. cit.*, I, p. 56. Puaux, *Histoire de la Réformation*, tome VI, p. 212.) Au reste, pas n'est besoin de cela pour le rendre odieux. Chaque année, le 14 septembre, il y a à Saint-Germain une foire, déjà établie à la fin du XVIIe siècle. D'après une tradition populaire, Du Chaila s'y rendait du Pont-de-Montvert dans une petite voiture à deux roues, et exigeait qu'à son arrivée tout le monde s'agenouillât sur son passage. On le faisait, car on tremblait. Une des atrocités de ce misérable ! Il soupçonnait la veuve Larguier, née Coste, d'avoir logé un prédicant. Ne réussissant pas à obtenir de ses enfants un témoignage contre elle, il fouetta jusqu'au sang le cadet, et il *mutila* l'aîné, âgé de sept ans seulement, qui mourut de l'opération bientôt après ! ! — Rendons justice à Rome. Elle a canonisé, il y a quatre ans, Joseph Labre, le stupide fainéant qui a prétendu faire de la saleté une vertu et chercher la sainteté dans la vermine. Jusqu'ici, elle n'a pas tenté de faire un saint de Du Chaila... Mais cela peut toujours venir.

sent pu faire, ils ne l'avaient malmené. On était ainsi arrivé à la fin du mois de juillet 1702. Le 23, un dimanche, les Réformés, sous la présidence de deux ou trois des leurs, qui se croyaient des organes de l'Esprit saint, et étaient acceptés comme tels[1], se trouvaient réunis sur la montagne du Bougès, à deux lieues du Pont-de-Montvert. L'assemblée était frémissante. De tous côtés on entendait des sanglots; partout coulaient des larmes. C'est que l'Archiprêtre venait de remporter l'un de ses meilleurs succès de féroce limier. Peu de jours auparavant, il avait saisi une caravane, qui, nonobstant les défenses royales, tentait de passer en Suisse, et, sourd à toutes les supplications, à toutes les promesses, il avait jeté dans sa prison ceux qui la composaient, au nombre desquels se trouvaient plusieurs jeunes filles..... Qui sait si, à ce moment même, il ne les y torture pas? Qui sait si les infortunés ne sont pas déjà mutilés?... Celui-ci pleure sa fiancée. Celui-là sa sœur ou son fils.

[1] Entr'autres *Abraham Mazel*, que nous retrouverons plus loin.

Dans les termes les plus touchants, les parents des victimes conjurent leurs frères de tenter un effort pour délivrer leurs bien-aimés... Mais l'assemblée balance. Elle voudrait avant d'agir un signe, un ordre d'En Haut. Soudain, un des prophètes, Esprit Séguier, se lève et le lui donne. « Dieu, s'écrie-t-il, me commande de prendre les armes, de délivrer mes frères captifs et d'exterminer le prêtre de Moloch ! » « A moi de même ! » s'écrient deux autres. — L'assemblée se sépare, frémissante d'émotion, mais non pas d'une crainte vulgaire, et décidée à agir, coûte que coûte... Le lendemain, 24 juillet, une cinquantaine de Réformés se rencontraient à la tombée de la nuit dans le bois d'Altefage, sur le point culminant du Bougès. Groupés rapidement en colonne, ils se mettent en marche, le chant solennel d'un psaume donnant aux pas leur cadence. Les rochers et les arbres passent dans l'obscurité croissante. Là-bas, au fond de l'étroite vallée, le Tarn écume et mugit... Quelques instants encore et les conjurés traversent le Pont-de-Montvert !

Il était environ dix heures. Du Chaila se trouvait dans sa maison, qu'il avait fortifiée, et où il avait réuni une cour de prêtres pour le seconder, une escouade de soldats pour le défendre. Entendant la psalmodie, il invite ses acolytes à s'informer de ce qui se passe et à lui en faire rapport. Ceux-ci n'en ont pas le temps. « Nos frères ! rendez-nous nos frères ! » crient des voix menaçantes. Du Chaila veut payer d'arrogance ; il ouvre la fenêtre, il ordonne au rassemblement de se dissiper, et, voyant que cela ne sert de rien, il commande à ses soldats d'armer leurs mousquets et de faire feu. Un des assiégeants tombe mort, un second est grièvement blessé. Mais, loin de reculer, les autres enfoncent la porte à coups de massue ; ils pénètrent dans les caves et délivrent les prisonniers, qui portent pour la plupart les marques de la cruauté de l'Archiprêtre et de ses séides. Alors, les revendications font place aux cris de douleur, aux clameurs de haine et de vengeance. C'est Du Chaila qu'il faut aux conjurés, afin de le punir de ses crimes ! Un combat furieux s'est engagé dans l'escalier, mais l'issue en est incertaine, car, si les assaillants ont l'avantage du nombre, leurs ennemis ont pour eux la position et les armes. Derechef, Esprit Séguier donne l'impulsion décisive. « Enfants de Dieu, s'écrie-t-il d'une voix stridente, brûlons dans leur maison le prêtre de Bahal et ses satellites ! » Déjà la flamme pétille et la fumée tourbillonne. Du Chaila a dû se réfugier dans les combles pour y préparer son évasion. Avec des draps mouillés et tordus, il descend du côté du Tarn ; mais sa corde est trop courte; il tombe, et si malheureusement qu'il se casse la jambe. Dominant ses souffrances, il se traîne à l'ombre d'une haie. Ses ennemis, qui le cherchent de tous côtés, l'aperçoivent à la lueur de l'incendie. Ils s'emparent de lui. Ils le traînent près d'une passerelle de bois jetée en travers de la rivière, et sourds à ses supplications, suivant Séguier qui leur prêche la vengeance par ses actes en même temps que par ses paroles, ils défilent au nombre de cinquante-trois, sombres, fermes, inexorables, chacun d'eux donnant son coup d'épée ou de poignard au persécuteur qui n'est déjà plus qu'un cadavre. Les dernières clartés de l'incendie illuminent cette scène terrible[1]. Après avoir tour à tour prié et psalmodié jusqu'à l'aurore, les justiciers (sans les absoudre de leur crime nous pouvons les appeler de ce nom), les justiciers prirent le chemin des déserts qui allaient leur servir de retraite... Sentant qu'ils n'avaient rien à attendre que des efforts de leur désespoir, ils déclarèrent la guerre aux prêtres qui les opprimaient, aux soldats qui les pourchassaient, à Bâville qui, du fond de son palais, préparait sa vengeance avec rage...

[1] La maison qu'habitait Du Chaila avait été confisquée à un riche protestant, Dandré, expédié aux galères « pour cause de Religion ». Elle a été rebâtie : c'est aujourd'hui une assez vaste construction, qui appartient à un protestant. Du reste, peu de changements depuis 1702. Un petit torrent, le Rioumal, se jette à deux pas dans le Tarn. Le jardin a été exhaussé ; un mur a remplacé la haie. L'escalier par lequel l'Archiprêtre passait de son appartement dans les caves où il torturait ses victimes, subsiste encore. Une cachette, qu'il s'était ménagée dans l'épaisseur d'une muraille, n'a été abolie que depuis un petit nombre d'années.

L'insurrection des Cévennes avait commencé [1].

[1] C'est à Saint-Germain-de-Calberte, dans l'église, que Du Chaila fut enseveli. Il avait été, comme nous l'avons dit, curé de cette paroisse ; il y possédait une maison et y avait sa bibliothèque. Nul monument ne marque le lieu de sa sépulture, connu seulement par son acte de décès et les renseignements d'un chroniqueur. Voici l'acte, tel que nous l'avons trouvé dans un registre de naissances où il s'est glissé par erreur (il est, croyons-nous, resté inconnu des historiens) :

« Le 24 juillet, messire François de Langlade Du Chaila, cy-devant curé de Saint-Germain, Inspecteur des Missions, La (*sic*) faisant au Pont-de-Montvert, fut attaqué par les fanatiques, qui le martyrisèrent de plusieurs coups de baïonnette, de sabre et de fusil. Le 25, on fut prendre son corps, et le 26 juillet 1702, on l'enterra dans l'Eglise de Saint-Germain, à l'entrée du chœur, vis-à-vis des chapelles de Notre-Dame et de Saint-Joseph. Le R. P. L'ouvreleuil fit son éloge funèbre. — VERNET, *Curé*.

» Ayant appris ce que je viens d'écrire du R. P. L'ouvreleuil, qui l'avait oublié » (oublié d'en faire l'inscription).

L'ouvreleuil, dont nous citerons souvent le nom, est l'auteur d'une histoire de l'insurrection des Cévennes, riche en détails, pittoresque parfois et précieuse, malgré sa partialité souvent révoltante : *Le Fanatisme renouvelé* (seconde édition, 1704, 3 vol.), *L'obstination confondue* (1706, 1 vol.). C'était un

Elle dura plus de deux ans, pleine d'enthousiasme, remportant des succès presque incroyables, bravant des troupes nombreuses commandées par des maréchaux de France, faisant trembler parfois Bâville sur son fauteuil de représentant royal, et Fléchier dans sa robe d'évêque ; accomplissant en un mot des prouesses qui semblent tenir du roman plutôt que de l'histoire. Quatre ou cinq mille pâtres et paysans commandés par des capitaines qui ne connaissaient pas le premier mot de l'art militaire, tinrent en échec vingt mille soldats d'élite secondés par trente mille bourgeois armés; ils ne furent réduits que

homme intelligent, aussi humain que pouvait l'être un prêtre dans ces temps malheureux. Au moment où il prononçait l'oraison funèbre de Du Chaila, une fausse alerte eut lieu ; on annonça l'arrivée des insurgés et chacun se sauva chez soi, le cadavre étant jeté sans cérémonie dans la fosse ouverte, puis grossièrement recouvert. C'est là ce qui explique l'oubli heureusement réparé par le curé Vernet. « La longueur de l'office, dit naïvement L'ouvreleuil, nous fatigua moins que la peur que nous eûmes. » (*Fanatisme renouvelé*, I, p. 44). Le registre de Saint-Germain confirme ainsi d'une façon curieuse le récit dramatique du prêtre-historien.

lorsque les séductions de la diplomatie vinrent en aide à la puissance des armes. Voilà le fait! Il semble impossible. Il est réel. Avec l'espace dont nous disposons, nous ne pouvons songer à faire un récit détaillé de l'épopée protestante. Force nous est d'être sommaire et même incomplet. On distingue facilement trois moments dans l'insurrection des Cévennes : ce sont les *débuts*, que suivent des progrès rapides, — l'*apogée* — et la *décadence*. A chacun d'eux correspondent assez exactement un chef spécial du côté des catholiques et surtout un changement de théâtre, l'insurrection d'abord confinée dans les montagnes, rayonnant promptement dans les vallées du sud et dans la plaine, pour reculer à la fin. Nous allons les esquisser en y ajoutant les silhouettes et les récits indispensables.

II.

Nous avons laissé Séguier présidant au meurtre de l'Archiprêtre. C'était un simple cardeur de laine du village de Magestavols, — une âme de feu dans un corps de fer. Il fut le premier chef des insurgés [1]. Fait prisonnier dans une escarmouche, il vit sa main tomber sous la hache du bourreau comme si ç'eût été celle d'un autre, et du milieu des flammes qui consumaient sa dépouille mortelle, il exhorta ses frères, avec l'accent d'un prophète, à rester fermes dans la vérité, à vivre de foi et d'espérance. Celui qui lui succéda se nommait Laporte. Ancien soldat, devenu maître de forges près du Collet-de-

[1] Voici le portrait peu flatteur que L'ouvreleuil en trace : « Il était âgé de cinquante ans et d'une mine affreuse, d'un visage noir, maigre, long, n'ayant point de dents supérieures »... Le prêtre-historien y ajoute des accusations d'immoralité qui sont très certainement des calomnies. (*Fanat. renouv.*, I, p. 35.)

Dèze, il ne commanda que deux mois la petite troupe (elle s'élevait à soixante hommes), qui devait, multipliée, conquérir sous le nom de *Camisards*, une gloire immortelle [1]. Cela a suffi pour le rendre célèbre. Laporte était un chrétien fervent, n'admettant nul compromis avec sa conscience, un caractère fortement trempé, un cœur de lion. S'il ne remporta pas à proprement parler de victoires, il donna de la consistance et de l'élan à l'insurrection. Le chef catholique était à ce moment le comte de Broglie, homme peu capable, mais dont la nullité était corrigée par la présence du capitaine Poul, un soldat de fortune, audacieux, cruel, une sinistre figure, comme les époques troublées en voient surgir presque toujours. Poul avait guerroyé à l'Orient et à l'Occident, et partout il s'était signalé par sa bravoure et sa férocité. Monté

[1] Ce nom, donné aux insurgés à la fin de 1702, vient selon les uns de camisade, attaque subite de nuit, selon d'autres, qui ont pour eux Cavalier, du fait que les Cévenols échangeaient dans leurs expéditions, leur linge sale contre les chemises propres qu'ils trouvaient. (Camisards : en patois, voleurs de chemises.)

sur un cheval d'Espagne, un long et pesant sabre d'Arménie au poing, bondissant et frappant, à deux pas quand on le croyait à deux lieues, il fut pendant près de six mois la terreur des Cévenols [1]. En janvier 1703, un

[1] Ces traits pittoresques sont dûs à L'ouvreleuil, qui parle de Poul avec une naïve admiration. « Sa taille haute et libre, dit-il, sa mine belliqueuse, l'habitude du travail, sa voix enrouée, son naturel ardent et austère, son habit négligé, la maturité de son âge, son intrépidité éprouvée, l'avantage de son expérience, sa taciturnité ordinaire, la longueur et le poids de son sabre d'Arménie, le rendaient formidable! » — « Il avait, dit-il encore, accoutumé de se tenir sur son cheval d'Espagne, le jarret à demi plié, pour s'élancer jusqu'aux oreilles et se coucher jusqu'à la queue, quand il était nécessaire de porter un coup mortel ou de l'éviter. » (*Fanatisme renouvelé*, I, p. 49, 50). Le village de Pouls ayant été brûlé le lendemain de la mort de Poul, un Camisard aurait, selon M. Peyrat, signalé dans ce fait l'accomplissement d'une prédiction de Nostradamus :

> Quand le coq (Poul) sera tué,
> Pouls sera brûlé.

Malheureusement, pour les amateurs de prophéties, ce distique ne se trouve pas dans les *Centuries* authentiques (nous n'avons du moins pas su l'y voir), et l'anecdote elle-même semble douteuse, les Camisards, bons protestants, ne devant guère étudier les énigmatiques rêveries du très catholique médecin de Salon.

jeune homme, presque un enfant, le frappa mortellement d'un coup de fronde. Mais il avait son remplaçant tout trouvé dans la personne de Julien, vil misérable, qui, protestant d'abord, avait vendu sa foi à Bâville pour une pension viagère et un brevet de brigadier, et qui, brutal comme un lansquenet, semblait poursuivi par des furies quand il s'agissait de traquer ses anciens frères. Alors aussi, les successeurs de Laporte étaient déjà à la tête des Camisards. Tout le monde sait le nom de Jean Cavalier; peu de personnes connaissent sa destinée, « l'une des plus rares, au jugement de Malesherbes, que l'histoire nous ait transmises ». Né en 1680, à Ribaute, près d'Anduze, il fut d'abord pâtre, puis apprenti boulanger. Il se trouvait à Genève, en exil, soupirant, au bord du Léman, après les pentes arides de ses montagnes, lorsque le bruit des souffrances de ses frères le ramena dans les Cévennes, peu de temps avant le meurtre de Du Chaila. Dépourvu de culture, il possédait en revanche ce que les écoles ne donnent pas : une bravoure à toute épreuve, un parfait sang-froid, un esprit subtil et délié, une éloquence enflammée, le don du gouvernement des esprits, une étonnante habileté de tacticien, — tous les talents du vrai capitaine. Qu'on en juge par deux faits pris au hasard ! Dans le voisinage d'Alais se trouvait le château de Servas, dont la garnison gênait ses mouvements. Cavalier habille trente de ses soldats avec les dépouilles de troupes royales qu'il a battues et dispersées ; il se met à leur tête, revêtu d'un brillant costume d'officier ; il enchaîne six autres Cévenols, et, les chassant devant lui, il se présente hardiment au pont-levis, en demandant l'entrée du fort pour y cacher sa prétendue capture. On lui ouvre... Peu de temps après, les reflets de l'incendie embrasaient le ciel, la garnison de Servas ayant été passée au fil de l'épée. — A la suite de plusieurs victoires, à St-Côme, au Mas de Calvi, à Martignargues, il est surpris par les troupes royales à Nages, le 16 avril 1704, tandis que ses soldats, épuisés par une marche forcée, dorment sur le sol. Le traquenard a été si bien tendu, que les Cévenols se heurtent, de quelque côté qu'ils se tournent, à des ennemis massés en colonnes profondes et leur coupant la retraite... Un chef ordinaire aurait été pris de vertige. « Enfants, s'écrie Cavalier, nous sommes perdus si nous manquons de cœur! Il faut passer sur le ventre de ces gens-là. Serrez-vous! Suivez-moi! » Les Camisards luttent en désespérés un contre dix. Quand les munitions leur manquent, ils lancent des pierres. Ils passent par de sanglantes trouées. A la nuit, une moitié des leurs gît sur le champ de bataille avec autant d'ennemis. Mais le reste est sauvé, grâce à l'habileté, au calme et à la bravoure du jeune chef. « Cavalier agit dans cette journée, dit le maréchal de Villars, comme l'aurait pu faire un grand général ».

Près de lui, en sous ordre, se trouvent ses lieutenants: Ravanel, un ancien militaire, et Abdias Maurel, surnommé ironiquement Catinat, à cause de l'admiration avec laquelle il parle de ce chef célèbre, sous lequel il a servi en Italie comme dragon. Tous deux ont plus de cœur et de main que de tête, mais leur bravoure touche à la témérité. Vers l'Aigoual[1], au sud-ouest, apparaît de bonne heure Castanet, à la fois prophète et capitaine, en attendant d'être martyr. Joany, un soldat de profession, bataille surtout dans les montagnes. --- Salomon Couderc mérite une mention spéciale. Il a pris une part active au drame du Pont-de-Montvert. C'est lui qui, après la mort de Laporte, a commandé l'armée naissante des insurgés. Prédicateur apprécié entre tous, prophète écouté comme un oracle, il est aussi un chef plein de courage et un négociateur incorruptible. Il finira ses jours sur le bûcher, le 24 février 1706, « en réprouvé », dit L'ouvreleuil, en réprouvé et « en démoniaque », c'est-à-dire sans faiblir un instant[2]. La plupart du temps, chaque commandant agit à part, dans le sens où les circonstances lui paraissent l'exiger; parfois, cependant, il y a

[1] Massif élevé des Basses-Cévennes, que l'*Espérou* continue et qui est situé entre les petites villes de Meyrueis et du Vigan.

[2] L'ouvreleuil. *L'obstination confondue*, tome IV du *Fanatisme renouvelé*, p. 168.

un effort commun. Tous du reste sont possédés d'une haine égale pour le despotisme, d'une soif pareille de la liberté de conscience. Vers la fin de 1702, l'insurrection occupe ainsi, de l'Est à l'Ouest, depuis Alais à Meyrueis, un carré long d'environ vingt lieues sur quinze, dans lequel on bataille, incendie, dévaste sans trêve ni repos. Mais Cavalier n'en est point le chef suprême. Ce périlleux et terrible honneur appartient à un homme de vingt-sept ans, avec lequel Cavalier agit de concert pendant deux années, occupant les Basses-Cévennes et balayant la plaine. Nous avons nommé Roland, le neveu de Laporte et son successeur. Toutes les qualités de Cavalier, Roland les possédait à un degré rare; il avait de plus que lui le génie de l'organisation, et, comme la suite le montra, l'incorruptibilité du caractère. Moins brillant, il était plus solide [1]. Après la mort de Laporte, le nombre

[1] Voici la copie d'une lettre de Roland, conservée par L'ouvreleuil (II, 87, 88). Si elle est authentique, elle révèle assurément la violence des passions en jeu :

« Messieurs les Officiers des troupes du roi, et vous,

des Camisards s'était rapidement élevé à deux mille. Plus tard, il atteignit quatre mille environ. Roland, élu d'un commun accord leur

Messieurs de Saint-Germain, préparez-vous à recevoir sept cents hommes qui doivent venir mettre le feu à la Babylone, au Séminaire et à plusieurs autres maisons : celles de MM. de la Fabrègue, de Sarrasin, de Demoles, de la Rouvière, de Masses et Sobier seront brûlées. Dieu nous a inspirés par son souffle sacré, mon frère Cavalier et moi, de vous rendre visite dans peu de jours ; fortifiez-vous tant qu'il vous plaira dans vos barricades, vous n'aurez pas la victoire sur les Enfants de Dieu. Si vous croyez de les pouvoir vaincre, vous n'avez qu'à venir au Champ Domergues, vous et vos soldats, ceux de Saint-Etienne, de Barre, et même de Florac. Je vous y appelle ; rendez-vous, hypocrites, si vous avez du cœur.

» LE COMTE ROLAND. »

Le La Fabrègue, dont il est question dans cette lettre, est certainement le docteur en droit, que nous avons vu fonctionner lors d'une abjuration, en mai 1686 (page 24, note). L'ouvreleuil l'appelle ailleurs Maire, Juge, Agent de Monseigneur le prince de Conty, et déclare que les Camisards, dont il était sans doute l'un des plus grands ennemis, avaient, dès l'origine de l'insurrection, formé le projet de le mettre à mort (tome I, p. 79). Quant au titre que Roland se donne dans sa lettre, il ne le prenait que vis-à-vis des catholiques ; en s'adressant aux protestants, il s'appelait « Général des Enfants de Dieu ». Dans une autre

général, les partagea selon le mode décimal, par troupes de dix, de cinquante, de cent, sous les ordres de chefs subalternes. Rien de plus étrange que leur vie! Ils formaient, comme on l'a dit, « une Sparte errante »[1], mais c'était une Sparte théocratique, où le chef devait être à la fois capitaine et prédicateur, et ne pouvait devenir capitaine que si l'Esprit l'avait lui-même choisi, en le couronnant de ses dons. La plus parfaite discipline, la plus stricte moralité régnaient dans le « Camp des Enfants de Dieu ». Un amour fraternel souvent touchant y adoucissait les relations. « Heureux temps, s'écrie mélancoliquement Cavalier dans ses mémoires; s'il avait seulement toujours duré![2] » Les deux grands

lettre, rapportée aussi par L'ouvreleuil, Roland invite les prêtres de Saint-André de Valborgne à partir en trois jours, sous peine d'être brûlés vifs, avec leur église et leurs maisons aussi bien que leurs adhérents. Au reste, nous avons de fortes raisons de douter de l'authenticité ou du moins de l'intégrité de ces pièces, que, seul, l'auteur du *Fanatisme renouvelé* nous a conservées.

[1] Peyrat.

[2] « Ni les querelles, ni les inimitiés, ni les calomnies,

chefs avaient établi dans les cavernes dont le pays abonde, en choisissant pour cela les mieux cachées et les plus spacieuses, de véritables magasins où rien d'indispensable ne manquait. Ici, c'étaient des lards entiers pendus à la voûte ; là, des sacs de légumes ou de châtaignes ; ailleurs, une pharmacie ; plus loin encore, des armes de tout genre et des moulins pour fabriquer la poudre, que l'on mettait sécher au soleil sur le sommet des montagnes [1]. La générosité des protestants, et surtout le pillage, sanctionné alors par les lois de la guerre, maintenaient ces dépôts toujours bien garnis. L'un des plus terribles coups que reçut Cavalier, et avec lui toute l'insurrection, fut, après la défaite de Nages,

ni les larcins, n'étaient point pratiqués parmi nous ; tous nos biens étaient en commun ; nous n'étions qu'un cœur et qu'une âme..... et les inspecteurs que nous avions établis parmi nous, afin que tout s'y fît avec ordre et décence, prenaient un soin particulier de nos pauvres et de nos malades et leur fournissaient toutes les choses nécessaires ». (*Mémoires de Jean Cavalier.*)

[1] Court, tome II, p. 322. Cf. I, p. 180-184.

la perte de l'un d'entr'eux, qui servait aussi d'hôpital [1].

Vers le commencement de l'année 1703, la cour, convaincue en dépit de l'appui que Bâville lui donnait, de l'insuffisance de Broglie, lui assigna comme successeur Nicolas-Auguste de Labaume-Montrevel, maréchal de France. C'était un galant infatué de lui-même, un courtisan expert, un vigoureux sabreur, un pauvre tacticien et un pitoyable diplomate. Là où il aurait fallu de la sagesse, de la douceur, beaucoup de fermeté unie à une grande modération, il ne montra que de la brutalité et il attisa l'incendie au lieu de l'éteindre. Il pèse sur lui un acte de cruauté digne de Néron, qui étonne, même dans ces luttes au milieu desquelles l'homme, hélas ! paraît souvent changé en panthère. Le dimanche

[1] Il était dans une grotte spacieuse et parfaitement cachée, près d'Hieuzet, entre Alais et Uzès. L'imprudence et la faiblesse d'une vieille femme le livrèrent à Montrevel, dont les soldats massacrèrent avec des raffinements de barbarie tous les blessés qui s'y trouvaient : une trentaine ! (Court, II, p. 322. Cf. I, p. 180, 184.)

des Rameaux 1703, une assemblée de Réformés, composée essentiellement de vieillards, de femmes et de jeunes enfants, était réunie en secret dans un moulin près de Nîmes, afin d'y célébrer le culte. Montrevel l'apprend. Il lance ses dragons, et une tuerie épouvantable, trop lente encore à son gré, commence aussitôt. Après le fer, les flammes. L'édifice est embrasé. Les soldats placés à la porte et près des fenêtres immolent ou repoussent dans la fournaise les malheureux qui, hurlant de douleur, s'efforcent d'échapper à la plus horrible des morts. Le lendemain, on retira des ruines fumantes près de deux cents cadavres[1]. — C'est Montrevel aussi, qui, d'accord avec Bâville, conçut et dirigea l'un des

[1] Puaux dit quatre-vingts, mais il fait certainement erreur, car personne n'échappa, et les estimations les plus modérées (Court, tome I, p. 307) portent le chiffre de l'assemblée à cent-cinquante personnes. D'autres disent trois cents (Cf. Peyrat, I, 426. De Félice. *Histoire des Protestants de France*, p. 466, etc.). Fléchier applaudit à cet holocauste digne de Moloch. Selon lui, « cet exemple était nécessaire pour arrêter l'orgueil des protestants ! ! » L'évêque rhéteur avait tremblé, ainsi que son clergé. Il ne le pardonnait pas.

forfaits les plus insensés de l'histoire moderne. Le rôle que la disposition des lieux joua dans la guerre des Camisards saute aux yeux. La plaine fut le théâtre des expéditions; les Basses-Cévennes, avec leurs grottes, leur labyrinthe de vallées, de rochers, de collines, servirent de points de ralliement; dans les moments de grands revers, les Hautes-Cévennes fournirent des lieux de refuge tout préparés et presque inexpugnables. La guerre se prolongeant et l'enthousiasme des insurgés semblant grandir en raison directe des rigueurs du pouvoir, le maréchal et l'intendant proposèrent à la cour de ravager les Hautes-Cévennes, en détruisant de fond en comble quatre cent soixante-six villages ou hameaux, habités par plus de dix-huit mille protestants[1]. Ainsi, pensaient-ils, les Camisards, pris entre le désert et la famine d'un côté, les mousquets et les glaives des troupes royales de l'autre,

[1] Court estime ce chiffre trop bas. En effet, le diocèse de Mende duquel dépendaient la plupart des localités condamnées, contenait déjà, à lui seul, dix-huit mille cent-quatre-vingt-neuf protestants. Or, de bonne heure, on détruisit toutes les maisons indistinctement.

ne pouvaient manquer d'être détruits. Après quelques hésitations, la Cour sanctionna le projet, et l'abominable Julien en commença l'exécution le 29 septembre 1703. Figurons-nous ce qui se passa alors. Remontons par l'imagination l'une de ces vallées où battent tant de nobles cœurs, où se cachent tant d'héroïques dévoûments!... Il fait sombre, mais le ciel est éclairé de sinistres rougeurs, et des détonations lointaines rompent le silence... De distance en distance, des groupes de femmes, d'enfants, de vieillards passent en se traînant avec peine et en étouffant leurs sanglots... Enfin, à un détour du chemin, nous découvrons un village qui flambe tout entier, le clocher qui le domine encore semblant une colonne embrasée!... Des hurlements, des blasphèmes arrivent jusqu'à nos oreilles!... Voilà ce qui s'accomplit en trente endroits à la fois, l'horizon sanglant l'annonçant à défaut d'autres témoignages! Aussi Julien put-il bientôt s'asseoir triomphant sur des ruines et convier Montrevel à admirer son travail!... Mais « le méchant fait une œuvre qui le trompe ». On avait espéré tuer l'insurrection; on ne réussit qu'à donner au désespoir une force nouvelle, et la cour, vexée d'avoir consenti en pure perte à des atrocités qui soulevaient l'Europe d'indignation, redoutant de la part de la Hollande et de l'Angleterre une intervention dont le résultat presque infaillible, dans les circonstances du moment, eût été le soulèvement du Languedoc, du Vivarais et du Dauphiné, rappela Montrevel en le remplaçant par le vainqueur de Friedlingen, par l'élève de Condé et de Turenne, le maréchal de Villars.

C'était un choix habile et le moment était favorable. Les armes de Cavalier n'avaient pas été heureuses; il venait d'essuyer la défaite de Nages et de perdre son magasin. Puis, en durant, l'insurrection s'affaiblissait par sa violence même. Enfin, les Camisards se trouvaient doublés, ainsi du reste que les troupes royales, d'une horde de misérables qui ne songeaient qu'à piller et à détruire. L'anarchie se faisait cruellement sentir [1].

[1] Les bandits qui se réclamaient des insurgés, s'appelaient *Camisards noirs*. Ceux qui se disaient catho-

Villars fut conciliant ou plutôt insinuant. Il traita, il harangua, il promit là où Montrevel avait menacé et sabré. Ayant démêlé avec une

liques, avaient pris le nom de *Cadets de la Croix* ou *Camisards blancs*. Ils se valaient. A la tête des Cadets était un misérable, nommé Gabriel, ancien soudard, devenu ermite et délié par Fléchier de son vœu de solitude. Massacrer était la vie de « l'Hermite » ; voir souffrir était sa joie. Fléchier a bien dépeint ces temps calamiteux :

« Nous n'avons ni repos, ni plaisir, non pas même de consolation... On ne peut sortir de la ville à cent cinquante pas, sans crainte et sans danger d'être tué... J'ai vu de mes fenêtres brûler nos maisons de campagne. Il ne se passe presque pas de jour que je n'apprenne à mon réveil quelque malheur arrivé la nuit. Ma chambre est souvent pleine de gens qu'on a ruinés... Tout fait horreur ; tout fait pitié ! » (Lettre du 27 avril 1704.)

Mais le prélat ne se demande pas à qui remonte en dernière analyse la responsabilité de ces horreurs, et surtout il se garde bien de transporter son lecteur au milieu de la dévastation des Hautes-Cévennes.

Les Camisards noirs ont fait un tort immense à la réputation des véritables insurgés. Ceux-ci eurent plus d'une fois des mouvements de miséricorde, et si l'on ne peut pas les absoudre de l'accusation de brigandage, il faut certainement l'atténuer. Jamais leurs chefs ne se solidarisèrent avec les Camisards noirs ; ils les frappèrent même, tandis que Montrevel accepta officiellement les services des Cadets de la Croix, en les pre-

sagacité supérieure que Cavalier était celui des chefs cévenols qu'il pouvait espérer séduire le plus aisément, il s'aboucha avec lui et l'amena à traiter avec Louis XIV, en cédant sur le point capital de la liberté de conscience, c'est-à-dire en trahissant ses frères au fond des choses. Malgré le prestige du jeune chef, en dépit de ses supplications, peu de Camisards le suivirent. Sa défection amoindrit la révolte, mais ne la détruisit pas. Il resta à la cause de l'insurrection plus de trois mille hommes aguerris, et Roland surtout, Roland, héroïque, indomptable, ne cédant rien de l'alternative posée d'abord : la guerre ou le respect des droits. Ainsi jusqu'au 13 août 1704. A la suite de plusieurs victoires, le noble chef fut trahi, surpris et tué, au château de Castelnau, près d'Uzès. Cinq de ses officiers qui

nant à sa solde. C'est là ce que Brueys et L'ouvreleuil se gardent bien de dire. Ignorant systématiquement les cruautés sauvages de l'Hermite, ils mettent sans distinction aucune les crimes des Camisards noirs au compte des protestants insurgés. Rossel, baron d'Aigalliers, a été plus sincère : « La justice, dit-il dans ses *Mémoires*, semblait avoir abandonné la patrie. »

l'accompagnaient, sentant que c'était la ruine, « se laissèrent prendre comme des agneaux »... Avec Cavalier, les Enfants de Dieu avaient perdu « leur d'Andelot, mais avec Roland, c'était leur Coligny »[1]. S'il leur restait des bras, ils n'avaient plus de tête ni de cœur. En même temps, les populations, à bout de forces, soupiraient après la paix. Peu suffit à Villars pour porter le dernier coup : un combat et une amnistie. A vrai dire, il y eut des troubles dans les Cévennes jusqu'en 1715, mais ils ne furent pas comparables à ceux des années précédentes. Les principaux chefs camisards partirent librement pour Genève, vers la fin de 1704. Mal reçus dans la cité de Calvin, ils vinrent à Lausanne[2], d'où la plu-

[1] Puaux.

[2] Ce fut en particulier le cas d'*Elie Marion*, un inspiré illustre, avec lequel nous ferons bientôt connaissance. Un autre prophète, qui avait joué un rôle lors de l'exécution de Du Chaila, *Abraham Mazel*, resta à Lausanne; mais, étant rentré dans les Cévennes en 1709, il y batailla de concert avec Clary, brûlé vif à Montpellier, avec Bonbonnoux, dont les curieux mémoires viennent d'être publiés, et il y paya sa ténacité de sa vie, le 17 octobre 1710. (Cf. *Théâtre sacré*,

part se rendirent à Londres. Là, leurs témoignages, recueillis devant un magistrat, et sous la foi du serment, produisirent l'un des livres

p. 76. *France protestante*, VII, 352 suiv. *Mémoires de Jacques Bonbonnoux*, p. 99, suiv.)

Il ne paraît pas que les Camisards aient trouvé à Lausanne un mauvais accueil. En août 1705, le père d'Elie Marion y habitait depuis un an environ, et son fils ne le quitta qu'un an après. Abraham Mazel s'y trouvait encore au printemps de 1707. Dans le *Théâtre sacré des Cévennes*, Elie Marion donne pour unique raison de son séjour à Londres, les ordres distincts et répétés de l'Esprit. Cela est digne de remarque, car Elie Merlat, ancien pasteur de Saintes, banni de France en 1680 et réfugié à Lausanne, avait prêché, en 1689, contre les inspirations à ce moment à l'ordre du jour en Vivarais, et avait même publié son discours, dans lequel il traitait les prophètes de « séducteurs » (*Le moyen de discerner les esprits ou sermon sur St-Jean, IV*, in-8°.) Les prophètes en avaient été vivement froissés. « Je me souviens, dit Matthieu Boissier dans le *Théâtre sacré*, qu'une jeune fille saisie de l'Esprit censura, avec une belle hardiesse, un certain petit livre de M. Merlat, ministre français réfugié à Lausanne, qui a eu le malheur d'écrire contre les grâces qu'il a plu à Dieu de répandre sur une partie de ses serviteurs dans le Dauphiné et dans le Vivarais, comme si c'étaient des illusions ou des opérations de l'esprit d'erreur. Elle détruisit puissamment cette diabolique idée et il n'y avait qu'à l'entendre pour voir triompher la vérité même contre cette accu-

les plus étranges et les plus dramatiques qui aient jamais vu le jour : *Le Théâtre sacré des Cévennes.*

sation atroce du Père du mensonge. » (P. 135 de l'édition Bost.)

Le père de Marion mourut à Lausanne. On lit en effet dans un des registres du Bailliage : « N° 55. 1er février 1710. Jean Marion, réfugié des Sévennes, âgé d'environ 60 ans, mort hier soir et ensevely le 2d du dit, en Saint-Pierre ». Mais les Camisards réfugiés ne furent pas longtemps en paix dans les possessions des Seigneurs de Berne. Voir l'*Appendice I.*

III

Si nous n'avons pas trop affaibli les faits dans cette rapide esquisse, nos lecteurs éprouvent certainement une impression de stupeur. Voici quelques paysans (ils ne furent jamais cinq mille), mal armés et conduits par des hommes à peu de chose près aussi ignorants qu'eux [1].... Pendant deux ans, ils tiennent en échec des troupes huit fois plus nombreuses, aguerries pour la plupart et commandées par des généraux de renom ; ils remportent victoires sur victoires ; leurs défaites mêmes sont telles qu'elles les honorent, et finalement Louis-le-Grand doit s'abaisser jusqu'à traiter avec eux presque d'égal

[1] Voici comment, au témoignage du baron d'Aigalliers, la troupe de Cavalier était composée : « A la tête de l'infanterie marchait une avant-garde de cinquante hommes qui tenaient lieu de grenadiers, et le tout était formé de bons soldats, bien armés de fusils ou de pistolets. Parmi tout le reste de la troupe (cinq cents hommes), il n'y avait pas deux fusils en état de tirer. » *Mémoires de Rossel*, baron d'Aigalliers.

à égal. On croit assister à un drame inventé à plaisir [1]. Or, ce drame, c'est de l'histoire; il s'explique donc sans cesser d'être prodigieux.

Tout d'abord, les Camisards étaient chez eux. Nul défilé, pas un passage, pas un bois qui ne leur fussent familiers, et cela dans un pays de gorges, de montagnes, de grottes, de taillis, d'autant mieux approprié à une lutte de guérillas, que les voies de communication y étaient peu nombreuses et très imparfaites. Les populations tenaient généralement leur parti. Vaincus, ils pouvaient se dérober; vainqueurs, poursuivre leurs avantages. Leurs défaites n'étaient que rarement complètes, tandis que

Selon Abraham Mazel, dans le *Théâtre sacré*, les Camisards ne furent jamais que deux mille : ce chiffre est certainement trop faible. Quant aux troupes royales, elles étaient composées de cinquante-deux régiments de milices provinciales, et d'une armée compacte de vingt mille soldats, recrutée parmi les bandes aguerries de Condé et de Turenne. Ces chiffres suffisent pour manifester combien fut fatal le coup que l'insurrection des Cévennes porta à la puissance de Louis XIV.

leurs triomphes portaient souvent tous leurs fruits. Qu'on y joigne le sentiment de lutter pour une cause sainte! Qu'on tienne surtout compte de la certitude où ils étaient qu'il n'y avait pour eux pas d'autre alternative que de mourir ou de vaincre, en calculant l'intensité d'efforts dont cela peut rendre capable à un moment donné! Qu'on se souvienne enfin que les Cévenols ne défendaient pas seulement leurs biens, leurs foyers, leurs vies, mais l'honneur de leurs femmes et de leurs filles, mais l'âme, oui, l'âme immortelle de leurs enfants... et l'on comprendra en quelque mesure les prodiges d'héroïsme et les succès qui épouvantèrent la cour de France, en saisissant l'Europe entière d'étonnement et d'admiration!

En quelque mesure... pas complètement! A la guerre des Camisards se trouvent mêlés des faits étranges, qui en éclairent les diverses scènes comme d'une lueur venant d'un monde supérieur au nôtre. Les insurgés crurent qu'ils avaient avec eux le Dieu des armées; ils furent persuadés que l'Esprit les visitait, en les prévenant de leurs dangers, en les encourageant, en les dirigeant, par le moyen d'instruments spéciaux qu'il s'était formés. Et de fait, il n'y a pas à le contester : le camp des « Enfants de Dieu » fut le théâtre d'actes de vision à distance, de pénétration des pensées et des sentiments d'autrui ; d'avertissements mystérieux, d'inspirations vibrantes, accompagnées ordinairement de phénomènes physiques de divers genres et introduites invariablement par ces mots significatifs : « Je te dis, mon enfant » ; enfin, et surtout, de prédications sublimes d'élan et de foi, prononcées en bon français par des personnes qui ne connaissaient guère que le patois de leurs montagnes. Dans l'extase, le prophète Clary, doué, nous dit le *Théâtre sacré des Cévennes*, de « grâces excellentes », passa, sain et sauf, au travers des flammes d'un bûcher [1]. Cet évènement, qui eut un

[1] Voici cette scène remarquable, telle qu'elle est racontée dans le *Théâtre sacré*, dépositions de Durand Fage et de Jean Cavalier, qui en furent témoins oculaires : « Clary, dit le second, avait une camisole blanche (habit de la saison, que sa femme lui avait apporté le jour même)... Chacun le vit, au milieu des flammes qui l'enveloppaient et qui le surmon-

retentissement énorme, donna un tel élan à l'insurrection, que Bâville et Montrevel jugè-

taient de beaucoup. Ceux qui avaient eu soin de ramasser le bois eurent aussi celui de repousser les restes des branches qui étaient un peu écartées, afin qu'il n'en restât rien. Clary ne sortit donc du milieu du feu que quand le bois eût été tellement consumé, qu'il ne s'éleva plus de flammes. L'Esprit ne l'avait point quitté pendant ce temps-là, qui, autant que j'en puis juger aujourd'hui, fut pour le moins d'un quart-d'heure... Je fus des premiers à embrasser le digne frère Clary et à considérer son habit et ses cheveux, que le feu avait tellement respectés, qu'il était impossible d'en apercevoir aucune trace. Sa femme et ses parents étaient dans des ravissements de joie, et toute l'assemblée se sépara, la nuit venue, en louant et en bénissant Dieu. J'ai vu et entendu toutes ces choses là ».

Le fait a, il est vrai, été contesté par Court (tome I, 442), au moins tel que le *Théâtre sacré* l'a rapporté. Voici comment Court s'exprime : « Par les informations que j'ai prises, la vérité se trouve altérée en deux points : 1° Clary ne séjourna pas dans le feu. 2° Il y entra deux fois. 3° Il se brûla au col du bras et fut obligé de s'arrêter au lieu de Pierredon pour se faire panser ». Court s'appuie de l'autorité du brigadier Bonbonnoux, ami de Clary, et qui batailla avec lui dans les Cévennes jusqu'en 1710, où Clary fut roué à Montpellier (*Mémoires de Bonbonnoux*, in-4°, 1883). Mais Bonbonnoux se trouvait alors entièrement sous l'influence de Court. Celui-ci, nature positive, était témoin de la décadence lamentable du prophétisme,

rent ne pouvoir lutter efficacement contre elle qu'en saccageant les Hautes-Cévennes. Il est attesté par le mouvement de l'histoire, aussi bien que par des témoignages qui portent

qui se survivait en dehors des circonstances auxquelles il avait dû son apparition, et qui menaçait même par ses extravagances, l'avenir de la Réforme dans le midi de la France. Court avait déclaré une guerre à outrance aux « prétendus inspirés » dont il jugeait par ce qu'il voyait et auxquels il fut loin de rendre toujours justice. (*Mémoires,* 1696-1729, p. 45, 51, sqs. Toulouse, 1885.) Il avait converti à ses idées le brigadier camisard, dont le témoignage rétrospectif ne nous paraît pas détruire ceux que nous avons donnés. Resterait d'ailleurs à expliquer comment un prodige si peu prodigieux, aurait fait tant de bruit et donné à l'insurrection un puissant élan. « Tout le pays, dit un témoin, était plein de la persuasion de ce miracle, sans excepter les hommes d'Etat, qui ne sont pas ordinairement fort crédules. » *Adhuc sub judice lis est.* Pas n'est besoin du reste de prononcer le mot de *miracle*, qui a la vertu d'effrayer aujourd'hui tant de gens, assez naïfs pour se persuader qu'ils embrassent l'univers dans leurs systèmes. Le sommeil magnétique rend insensible. Diverses observations semblent indiquer qu'il peut s'accompagner d'un dégagement de fluide, neutralisant les effets du feu. « Le fluide nerveux, dit Adolphe d'Assier, possède des propriétés spéciales... L'une est de rendre les objets incombustibles. Le feu est sans action, du moins au dire des magnétistes, sur les objets imprégnés d'effluves mesmériennes, livres,

un cachet d'authenticité irrécusable. En général, si le phénomène de l'inspiration fut, dans ses manifestations multiples, antérieur à la révolte, il y joua un rôle capital, en même temps qu'il y prit un nouvel essor. Un jour, c'est un courrier de Montrevel qui, par les indications de Cavalier, est saisi sur les bords du Gardon d'Alais. Une autre fois, c'est un traître qui est démasqué dans l'assemblée des fidèles, par l'ordre de « l'Esprit »[1].

vêtements, etc. On a vu également des personnes, sous l'influence du fluide, supporter l'épreuve de l'eau bouillante, d'un fer rougi, etc. Toutefois, nous croyons sage d'attendre de nouvelles expériences avant de prononcer définitivement sur ces faits étranges ». (*Essai sur l'humanité posthume.* 1883, p. 135).

[1] Voici le récit de ces deux faits dans le *Théâtre sacré.* « Comme notre troupe, raconte Durand Fage, était entre Ners et Las-Cour-de Creviez, le frère Cavalier, notre chef, eut une vision. « Ah ! mon Dieu, je viens de voir en vision, que le maréchal de Montrevel, qui est à Alais, vient de donner des lettres contre nous à un courrier qui les va porter à Nîmes. Qu'on se hâte et on trouvera le courrier habillé d'une telle manière, monté sur un tel cheval et accompagné de telles et telles personnes ». A l'instant, trois de nos hommes montèrent à cheval, Ricard, Bouré et un autre ; et ils rencontrèrent sur le bord de la rivière,

Mais il faut, sur ce sujet, citer les réflexions des acteurs et des témoins oculaires, dont la loyauté semble au-dessus de tout soupçon :

« Il serait besoin de gros livres, dit Elie

dans l'endroit marqué, l'homme et ceux qui étaient avec lui, dans toutes les circonstances que le frère Cavalier avait spécifiées. Cet homme fut amené à la troupe et on le trouva chargé des lettres du maréchal, de sorte que nous fûmes informés par cette admirable révélation de diverses choses dont nous fîmes ensuite un heureux usage. Le courrier fut renvoyé. J'étais dans la troupe quand cela arriva et j'atteste ce que j'ai vu ».

« M. Cavalier avait fait une assemblée, dépose aussi Jean Cavalier de Sauve, joignant les tuileries de Cannes, proche de Sérignan, dans le mois d'août 1703.... Après que l'on eût fait plusieurs exhortations, lectures, chants de psaumes, etc., le frère Clary (qui avait reçu des grâces excellentes),... fut saisi de l'Esprit au milieu de l'assemblée, l'Esprit lui fit prononcer à peu près ces mots : « Je t'assure, mon enfant, qu'il y a deux hommes dans cette assemblée, qui n'y sont venus que pour vous trahir... Mais je te dis que je permettrai qu'ils soient découverts, et que tu mettes la main sur eux ». Tout le monde était fort attentif à ce qu'il déclarait, et alors, le dit Clary marcha vers l'un des traîtres et mit la main sur son bras... L'autre espion, qui était à quelque distance, fendit la presse à l'instant, et vint auprès de son camarade se jeter aux pieds de M. Cavalier, en confessant sa faute... » (*Théâtre sacré*. Edit. Bost, p. 115, 99 et 100.)

Marion, l'un de ceux que Dieu avait favorisé de « ses grâces », pour contenir l'histoire de toutes les merveilles que Dieu a opérées par le ministère des inspirations qu'il lui a plu de nous envoyer. Je puis protester devant Lui, qu'à parler généralement elles ont été nos lois et nos guides. Et j'ajouterai avec vérité, que lorsqu'il nous est arrivé des disgrâces, ç'a été pour n'avoir pas obéi ponctuellement à ce qu'elles nous avaient commandé, ou pour avoir fait quelque entreprise sans leur ordre.

» Ce sont nos inspirations qui nous ont mis au cœur de quitter nos proches et ce que nous avions de plus cher au monde, pour suivre Jésus-Christ et pour faire la guerre à Satan et à ses compagnons. Ce sont elles qui ont donné à nos vrais inspirés le zèle de Dieu et de la religion pure, l'horreur pour l'idolâtrie et pour l'impiété, l'esprit d'union, de charité, de réconciliation et d'amour fraternel qui règnait parmi nous, le mépris pour les vanités du siècle et pour les richesses iniques; car l'Esprit nous a défendu le pillage, et nos soldats ont quelquefois réduit des trésors en cendres, avec l'or et l'argent des temples des idoles, sans vouloir profiter de cet interdit. Notre devoir était de détruire les ennemis de Dieu, non de nous enrichir de leurs dépouilles[1]. Et nos persécuteurs ont diverses fois éprouvé que les promesses qu'ils nous ont faites des avantages mondains, n'ont point été capables de nous tenter non plus.

» Ç'a été uniquement par nos inspirations et par le redoublement de leurs ordres que nous avons commencé notre sainte guerre. Ce sont elles qui ont élu nos chefs, et qui les ont conduits. Elles ont été notre discipline militaire. Elles nous ont appris à essuyer le premier feu de nos ennemis à genoux, et à les attaquer en chantant des psaumes, pour porter la terreur dans leurs âmes. Elles ont changé nos agneaux en lions, et leur ont fait faire des exploits glorieux. Et quand il est arrivé que que quelques-uns de nos frères ont répandu leur sang, soit dans les batailles,

[1] Il faut pourtant en excepter les denrées, les armes et les munitions, que les Camisards se sont toujours appropriées.

soit dans le martyre, nous n'avons point lamenté sur eux. Nos inspirations ne nous ont permis de pleurer que pour nos péchés, et pour la désolation de Jérusalem. Et je ne ferai pas de difficulté de dire ici que lorsque Dieu retira ma mère en sa grâce, il m'ordonna d'essuyer mes larmes et m'assura qu'elle reposait en son sein.

» Ce sont nos inspirations qui nous ont suscités, nous, la faiblesse même, pour mettre un frein puissant à une armée de plus de vingt mille hommes d'élite, et pour empêcher que ces troupes ne fortifiassent le grand et général ennemi, dans le lieu où la Providence avaient ordonné qu'il reçût le premier coup mortel.

» Ces heureuses inspirations ont attiré dans le sein de nos églises plusieurs prosélytes d'entre les adorateurs de la Bête, qui ont toujours été fidèles depuis. Elles ont animé nos prédicateurs et leur ont fait proférer avec abondance des paroles qui repaissaient solidement nos âmes.

» Elles ont banni la tristesse de nos cœurs

au milieu des plus grands périls, aussi bien que dans les déserts et les trous des rochers, quand le froid et la faim nous pressaient et nous menaçaient.

» Nos plus pesantes croix ne nous étaient que des fardeaux légers, à cause que cette intime communication que Dieu nous permettait d'avoir avec Lui, nous soulageait et nous consolait. Elle était notre sûreté et notre bonheur.

» Nos inspirations nous ont fait délivrer plusieurs prisonniers de nos frères, reconnaître et vaincre des traîtres, éviter des embûches, découvrir des complots, et frapper à mort des persécuteurs.

» Si les inspirations de l'Esprit Saint nous ont fait remporter des victoires sur nos ennemis par l'épée, elles ont fait bien plus triompher nos martyrs sur les échafauds. C'est là que le Tout-Puissant a fait des choses grandes. C'est là le terrible creuset où la vérité et la fidélité des saints inspirés a été éprouvée. Les paroles excellentes de consolation et les cantiques de réjouissance du grand nombre de ces bienheureux martyrs, lors même qu'ils avaient les os brisés sur les roues, ou que les flammes avaient déjà dévoré leur chair, ont été de grands témoignages que leurs inspirations descendaient de l'Auteur de tout don parfait.

» Je n'oublierai point une autre preuve indubitable de la sainteté des inspirations dont il a plu à Dieu de nous honorer. C'est qu'une infinité de fois, certaines choses nous ont été précisément déclarées, avec des circonstances très particulières, et des ordres nous ayant été donnés en même temps pour l'exécution, tout s'est exactement rencontré et tout a réussi selon la vérité de l'avertissement divin. A Dieu soit gloire et louange éternellement! Amen![1] »

« Tout ce que nous faisions, dit Durand Fage, un autre acteur et un autre témoin, tout ce que nous faisions, soit pour le général, soit pour notre conduite particulière, c'était toujours par ordre de l'Esprit..... De-

[1] *Théâtre sacré des Cévennes*. Déposition d'*Elie Marion*, pages 79-82 de l'édition de 1707.

vions-nous attaquer l'ennemi? étions-nous poursuivis? la nuit nous surprenait-elle? craignions-nous les embuscades? arrivait-il quelque accident? fallait-il marquer le lieu d'une assemblée? Nous nous mettions d'abord en prières. « Seigneur, fais-nous connaître ce qu'il te plaît que nous fassions pour ta gloire et pour notre bien! » Aussitôt l'Esprit nous répondait, et l'inspiration nous guidait en tout.

» La mort ne nous effrayait point : nous ne faisions aucun cas de notre vie, pourvu qu'en la perdant pour la querelle de notre Sauveur, et en obéissant à ses commandements, nous remissions nos âmes entre ses mains. Je ne crois pas qu'un seul de ceux qui étaient inspirés dans notre troupe ait été tué dans le combat, ou ait été pris et exécuté à mort (car notre guerre se faisait sans cartel), qu'il n'en ait été averti quelque temps auparavant par l'Esprit. Alors, on se remettait avec humilité entre les mains de Dieu, et on se résignait à sa volonté avec constance. On s'estimait heureux de le pouvoir glorifier, dans la mort comme dans la vie...

» Quand l'inspiration nous avait dit : « Marche ; ne crains point ! » ou bien : « Obéis à mon commandement, fais telle ou telle chose ! » rien n'aurait été capable de nous en détourner ; je parle des plus fidèles, et de ceux qui avaient le plus éprouvé la vérité de Dieu. Lorsqu'il s'agissait d'aller au combat, j'ose dire que quand l'Esprit m'avait fortifié par ces bonnes paroles : « N'appréhende rien, mon enfant. Je te conduirai, je t'assisterai ! » j'entrais dans la mêlée comme si j'avais été vêtu de fer, ou comme si mes ennemis n'eussent eu que des bras de laine. Avec l'assistance de ces bonnes paroles de l'Esprit de Dieu, nos petits garçons de douze ans frappaient à droite et à gauche comme de vaillants hommes. Ceux qui n'avaient ni sabre, ni fusil, faisaient des merveilles à coups de perche et à coups de fronde, et la grêle de mousquetades avaient beau nous siffler aux oreilles et percer nos chapeaux et nos manches, comme l'Esprit nous avait dit : « Ne craignez rien ! » cette grêle de plomb ne nous inquiétait pas plus qu'aurait fait une menue grêle ordinaire.

» Il en était de même dans toutes les autres occasions, lorsque nous étions guidés par nos inspirations. Nous ne posions point de sentinelles autour de nos assemblées, quand l'Esprit qui avait soin de nous avait déclaré que cette précaution n'était pas nécessaire. Et nous aurions cru être en sûreté sous les chaînes et dans les cachots dont le duc de Berwick ou l'intendant Bâville auraient été les portiers, si l'Esprit nous eût dit : « Vous serez délivrés ! »

Ce sont là des témoignages pris au hasard dans le *Théâtre sacré des Cévennes*[1]. On pour-

[1] Voici les circonstances dans lesquelles ce livre étrange a vu le jour. Vers la fin de l'année 1706, plusieurs Camisards se trouvaient réunis à Londres. Les principaux étaient Elie Marion, de Barre, Durand Fage, d'Aubays, et Jean Cavalier, de Sauve, cousin du chef camisard du même nom. Accueillis avec curiosité et faveur, ils ne tardèrent pas à se mettre à dos les personnages religieux de marque, dont, remplis des souvenirs de leur épopée, ils traitaient un peu légèrement l'autorité. Sur l'invitation de l'évêque de Londres, le pasteur Armand DuBourdieu, président du Consistoire de l'Eglise française, dite de la Savoie, fit une enquête qui aboutit à la déclaration, certainement injuste, que « les mouvements des inspirés

rait les multiplier. Les Camisards se crurent en communication immédiate avec Dieu ; ils

n'étaient que l'effet d'une habitude volontaire, indigne de la sagesse du Saint-Esprit ». — Cette déclaration, lue en chaire le 5 janvier 1707, faillit amener une émeute, si grande était l'excitation des esprits !

Mais les prophètes avaient trouvé des défenseurs. C'était Nicolas Fatio, de Duiller (né à Bâle en 1664), mathématicien fameux, connu surtout par ses études sur la lumière zodiacale, et par l'ardeur avec laquelle il attribua à Newton contre Leibnitz, la meilleure part de gloire dans la découverte du calcul différentiel. C'étaient les réfugiés Daudé, de Nîmes, et Charles Portalès, du Vigan. C'était surtout Misson, que son son voyage en Italie (1691) avait rendu célèbre, et qui embrassa avec passion la cause des persécutés. Fatio, Daudé et Portalès ayant été condamnés au pilori, pour publication de discours prononcés par Elie Marion en état d'extase, Misson répondit en rassemblant et en publiant sous le titre de *Théâtre sacré des Cévennes*, tous les témoignages qu'il put obtenir sur l'inspiration. Pendant trois ans, il fut à la brèche, publiant brochures sur brochures, et faisant preuve d'autant d'activité et d'érudition que de bonne foi. Cela n'empêcha pas Marion d'être banni, à la suite d'une tentative avortée de ressusciter un mort, et de déclamations sans frein contre l'épiscopat et le gouvernement établi. Il passa en Allemagne, avec ses amis, et de là en Moravie, à Constantinople, à Rome, à Livourne (où il mourut le 29 novembre 1713), mais ce fut sans tracer nulle part de sillon profond. L'inspiration s'était abâ-

s'estimèrent conduits, soutenus, délivrés par son Esprit. Or, abstraction faite des délivran-

tardie. Prolongée artificiellement par delà les circonstances qui l'avaient créée et qui la soutenaient, elle avait perdu à la fois sa raison d'être, sa fraîcheur, son élévation et son autorité. Les *Avertissements prophétiques d'Elie Marion*, ne sont que de filandreuses paraphrases de données généralement banales. Il en est de même du *Cri d'alarme en avertissement aux nations* (1712), du *Plan de la justice de Dieu sur la terre* (1714) et d'un dernier ouvrage : *Quand vous aurez saccagé, vous serez saccagés* (1714). Lorsque l'inspiré précise, c'est pour recevoir des faits un démenti cruel, témoin le passage suivant : « Je t'assure, mon enfant, que le temps des ténèbres va finir sur la terre. Voici la lumière du monde qui va paraître... Je t'assure, mon enfant, les vivants de ce monde mourront et les morts ressusciteront. Mes anges paraîtront dans peu de jours ; je t'assure, le temps n'est pas loin. Voici le temps de leur vendange : ils viennent, mon enfant ; ils ont la faucille à la main ; ils viennent racler et détruire entièrement l'impudicité du monde, et détruire entièrement la superstition et l'idolâtrie de la terre, etc. » En fut-il toujours de même ? Doit-on, avec M. Douen (*Les premiers pasteurs du Désert*, tome II), affirmer, au nom des *Avertissements prophétiques*, que l'extase ne crée rien, ni moralement, ni intellectuellement ? Nous ne le croyons pas. Il est fragile de juger un mouvement sur les vestiges de sa période de décadence et le *Théâtre sacré*, qui réunit quelques souvenirs du grand moces et des préservations souvent merveilleuses dont ils furent incontestablement les objets, chacun comprend combien cette persuasion dut les rendre forts[1]. A la guerre,

ment de l'inspiration, appelle, ce nous semble, dans la déposition même de Marion, une conclusion moins rigoureuse. Le prophétisme cévenol est un des évènements les plus étonnants de l'histoire ; il n'en a, selon nous, pas été rendu compte jusqu'ici d'une façon satisfaisante, et, nonobstant des analogies que nous ne contestons point, en dépit de découvertes réelles, on peut se demander si cela aura jamais lieu, étant donnés les documents que nous possédons. (Voir l'*Appendice II.*)

[1] Ils s'en sont rendu compte, preuves en soient les témoignages de Marion, de Fage et d'Abraham Mazel : « Nos ennemis, dit ce dernier, étaient en grand nombre, et nous, nous n'étions qu'une petite poignée de gens. Ils avaient des chevaux et des chariots, de l'or, des armes et des forteresses, et nous, on le sait, ces secours nous manquaient. Mais l'Eternel des armées était notre force. Que toute la terre le sache : c'est Dieu, Dieu lui-même, son conseil et son bras, qui ont opéré ce que l'esprit humain ne saurait comprendre ! » De même Elie Marion : « Un petit nombre de jeunes gens simples, sans éducation et sans expérience, comment auraient-ils fait tant de choses, s'ils n'avaient pas eu le secours du ciel ? Nous n'avions ni force ni conseil, mais nos inspirations étaient notre secours et notre appui ». (*Théâtre sacré*, p. 72 et 80.)

croire au succès, c'est le posséder à moitié. Que dire maintenant de la prétention elle-même ? Sans la discuter en détail, nous fixerons deux points essentiels. L'hypnotisme, ou sommeil nerveux (somnambulisme magnétique), joua certainement un grand rôle dans l'inspiration cévenole ; mais, dans l'état actuel de nos connaissances, il ne suffit point à en rendre compte ; force est pour cela d'en appeler à un facteur d'ordre supérieur. En effet, d'après des expériences déjà nombreuses, et, selon toute apparence, concluantes, ce qui constitue la personnalité, à savoir la conscience et la volonté, se trouve suspendu et comme anéanti dans cet état mystérieux. On dirait l'individu effacé, supprimé pour une heure [1]. Dans l'inspiration des Camisards,

[1] « Le sujet hypnotisé est un instrument passif, automatique, absolument soumis à la volonté, non seulement de l'expérimentateur, mais également à celle de toutes les personnes qui l'entourent ; tous les ordres peuvent lui être intimés, presque jamais il n'oppose de résistance, ou du moins, s'il présente quelque hésitation, celle-ci n'est généralement que de courte durée, et, en insistant un peu, l'ordre est bientôt exécuté. On pourrait dans cet état faire commettre des crimes, faire accomplir des actions complètement

nous avons précisément le contraire. Les phénomènes du somnambulisme magnétique y apparaissent au service de ce qu'il y a de plus profond, de plus intime, de plus vivant, de plus personnel, à savoir de la foi. C'est en dernière analyse la vie religieuse des Cévenols qui les a fait prophètes. Ainsi qu'on l'a dit, « la première impulsion dans ce sens ressortit uniquement au domaine spiritualiste qui prime les autres ». Pénétrant d'une façon intense et continue dans le monde invisible, où leur amour les attirait, où la persé-

en désaccord avec les idées et la moralité du sujet. A certains, nous aurions fait battre leur mère... » (Docteur Fernand Bottey. *Le magnétisme animal.* Etude critique et expérimentale sur l'Hypnotisme ou Sommeil nerveux. 1884, p. 60).

Le médecin auquel nous empruntons ces lignes appelle le prophétisme camisard une « épidémie extato-convulsive. » Il prétend l'expliquer tout entière par le sommeil nerveux, sans discerner la différence essentielle que nous avons signalée. Sa connaissance des faits est, du reste, très incomplète ; il place les inspirations cévenoles en 1707, et leur associe celles d'Isabeau Vincent, dite la Belle Isabeau, qui prophétisait en Dauphiné, environ quinze ans avant la guerre des Camisards (première extase: 22 février 1688). Il faut, au contraire, les distinguer soigneusement.

cution les poussait ; dans ce monde qui semble loin et qui est en réalité si près de nous qu'il nous enveloppe, ou plutôt nous pénètre comme l'impalpable éther pénètre la matière sensible, ils en furent en revanche visités par l'intermédiaire des énergies les mieux appropriées de leur être. Aussi offrirent-ils beaucoup moins le sommeil magnétique proprement dit que l'*extase*, état supérieur, dans lequel l'âme, active au plus haut point, semble se dégager en quelque mesure de sa prison charnelle et s'élancer ailleurs qu'ici-bas. Au début, il est vrai, on signale de la catalepsie et du somnambulisme, mais étranges déjà, et comme agités d'aspirations supérieures. Puis vient la phase originale, créatrice, retracée par les dépositions des Fage, des Marion et des Cavalier. Dans l'extase, l'âme y déploie ses ailes. Enfin, l'insurrection étant brisée et l'inspiration ayant perdu sa raison d'être, la décadence commence ; le prophétisme se ridiculise en se survivant. C'est évidemment pendant la seconde phase qu'il doit être surtout étudié. La plupart des historiens ont eu le grand tort de ne pas le comprendre et de mêler, sans critique, aux dépositions du *Théâtre sacré* qui ont une portée rétrospective (1702-1704), les rêveries des *Avertissements prophétiques d'Elie Marion* (1707), prélude des faits déplorables qui devaient provoquer l'hostilité étroite et passionnée d'Antoine Court. A son beau moment, le prophétisme camisard se dégagea des manifestations pures et simples du sommeil magnétique au travers desquelles il avait passé d'abord. La foi au monde divin, — sainteté, justice, amour, — le pénétra et l'inspira. L'âme secoua ses chaînes ; elle s'élança vers l'*au-delà* avec une ardeur incomparable, elle l'atteignit en quelque mesure, et en retour, elle en fut pénétrée bien réellement, quoique imparfaitement encore. De là un caractère de « haute et incontestable spiritualité ». L'inspiration cévenole a sanctifié, elle a fortifié les âmes ; elle les a remplies d'une glorieuse joie. Et sans en méconnaître les imperfections, sans dissimuler les analogies qui la rattachent au domaine encore obscur de ce que l'on est convenu d'appeler le magnétisme, nous ne craignons point de dire que nous saluons dans plusieurs des faits qui s'y sont produits, une communication d'En-Haut[1].

Sans doute, l'insurrection fut vaincue, comme Coligny, pour ne citer que ce seul nom, qui représente une cause auguste, l'avait été avant elle. Mais elle ne fut point stérile. Dieu ne permit pas que tant de sang généreux eût été répandu en vain. Ce que les Camisards voulaient, c'était la liberté de conscience et celle de culte qui en est le corollaire. Eh bien ! ils ont concouru à préparer l'avènement de ces deux libertés, en même temps qu'ils ont, grâce à leur héroïque effort, sauvé la Réforme dans le midi de la France, sinon ailleurs. « Sans cette réaction énergique, a dit un historien, ç'en aurait été fait du protestantisme, serré de près par les persécutions et étouffé sous les intérêts mondains[2] ».

[1] Voir l'*Appendice II.*

[2] G. Frosterus. *Les insurgés protestants*, p. 66.

Nous le croyons fermement. Les Camisards de moins, qui peut dire où se serait arrêté le despotisme du Grand Roi, dirigé, excité par le fanatisme des évêques ? Qui voudrait assurer que la foi évangélique n'eût pas été arrachée des pays où elle possédait son boulevard ? Qui se porterait garant que de nouvelles dragonnades, plus affreuses encore que les premières, n'eussent pas réussi à détruire, là où celles-ci n'avaient fait qu'amoindrir et désoler ? L'insurrection des Cévennes a été entre les mains de Dieu un moyen d'affranchissement et de délivrance. La cour avait tremblé ; la France avait beaucoup souffert ; la leçon fut utile ; l'intérêt accomplit ce que la justice n'avait pas obtenu, et si l'on persécuta encore, ce fut avec moins de violence et de cruauté, en attendant les jours meilleurs où chacun put servir Dieu comme il l'entendait[1].

[1] Les Camisards en eurent conscience, témoins les passages suivants :

« Nous avons été suscités, nous la faiblesse même, pour mettre un frein puissant à une armée de vingt mille hommes d'élite et pour empêcher que ces troupes ne fortifiassent le grand et général ennemi, dans

Je vais plus loin et je dis : Ne condamnons pas sommairement les Camisards de ce qu'ils ont pris les armes. Lorsque Bossuet, rappelant aux Réformés les siècles de persécution de la primitive Eglise, leur reprochait sarcastiquement d'être réduits aux abois à la suite de quarante ans de souffrances, il n'oubliait qu'une chose, mais essentielle : à savoir que les bourreaux de la Rome païenne furent des apprentis en comparaison des virtuoses dans l'art de torturer que l'Eglise catholique, apostolique et romaine a produits [1]. Ne tombons

le lieu où la Providence avait ordonné qu'il reçût le premier coup mortel ».

« La guerre des Cévennes a été un des plus efficaces moyens de la Providence pour mettre fin à nos malheurs, en terrassant notre Pharaon, conformément à ce que quelques-uns de nos inspirés prédisaient. » *Théâtre sacré*. Dépositions d'Elie Marion et d'Isabeau Charras, pages 72 et 175.

[1] Ce trait n'est pas de nous, mais de Jurieu. Parlant des tortures que l'exécrable la Rapine fit subir dans l'hôpital de Valence aux demoiselles Ducros, il dit : « Elles ont succombé sous des tourments qui n'ont point d'exemples dans l'histoire de la barbarie du paganisme ». *(XXe lettre pastorale.)*

pas dans l'injustice, sous couvert de spiritualité. On répète volontiers au sujet des Camisards le précepte du Christ : « Si quelqu'un te frappe sur la joue droite, présente-lui l'autre ! » On leur applique souvent la sentence adressée à Pierre dans le jardin de Gethsémané..... Hélas ! le *væ victis !* est de tous les pays, de tous les temps, comme il a passé dans la plupart des langues !... Peut-être parlerait-on différemment si les Camisards avaient triomphé [1]... Au point de vue idéal, il n'est sans doute guère possible de les absoudre entièrement. Mais est-ce à nous, je le demande, à nous, gangrenés que nous sommes, d'opportunisme, de compromis avec nos consciences, de lâchetés surtout, est-ce à nous de leur jeter la pierre sans ménagements ? S'il est aisé de les blâmer, il le serait

[1] « A quoi tiennent les jugements des hommes, des plus éclairés, comme des plus ignorants ?... Jeanne d'Arc a délivré la France, et les Cévenols ont été vaincus. L'une a presque des autels ; les autres sont généralement traités d'insurgés et de fanatiques ». (De Félice. *Histoire des Protestants de France.* Livre IV, p. 462.

moins de rester calmes et soumis dans leurs circonstances aussi longtemps qu'ils le furent. Osons le dire, car la justice et la vérité l'exigent : les Camisards purent invoquer toutes les excuses en s'insurgeant. Ne les approuvons pas ; mais gardons-nous de nous faire leurs détracteurs ! Conservons notre énergie pour maudire, certains que nous accomplirons ainsi une œuvre de justiciers, la politique insensée_ autant qu'inique de la Cour de France, mise au service de l'Eglise, si souvent infâme, à laquelle ne correspond que trop bien le type qui passa devant les yeux de saint Jean dans la sombre lumière des visions de Pathmos : une femme enivrée du sang des saints et des martyrs de Jésus-Christ ! Tous les droits des chrétiens cévenols, même les plus élémentaires, même les plus sacrés, même les droits de l'époux, même ceux du père, avaient été foulés aux pieds dans une boue sanglante... Exténués, éperdus, fermes dans leurs consciences, mais à bout de forces pour souffrir ils revendiquèrent ces droits par les armes... Ils eurent tort. Ils commirent des excès. De la revendication des droits, ils glissèrent malheureusement parfois dans la vengeance. Mais mettons-nous à leur place, et si nos principes ne nous permettent pas de les absoudre, nous n'aurons pas du moins le cœur de les frapper[1] !

[1] Libre de l'esprit de parti des Brueys et des L'ouvreleuil, un catholique a plaidé la cause des Camisards :

« Ce n'est, écrivait en 1700 le marquis de Guiscard (abbé de la Bourlie) dans ses *Mémoires*, qu'après avoir été tourmentés sans relâche pendant vingt ans entiers, dans leurs familles, dans leurs propres personnes et surtout dans leur culte ; ce n'est, dis-je, qu'après un temps considérable de souffrance et de désolation, que ces malheureux, réduits au désespoir, se sont enfin portés à se soulever et à user de représailles. »

La guerre a d'ailleurs des exigences, dont il serait injuste de faire abstraction en jugeant les cas spéciaux, et nous ne pouvons que signer les sages paroles de M. Jules Chavannes : « Quant aux accusations tirées des cruautés commises par les troupes des Cévennes, il est aisé de reconnaître l'abus qu'il y a à en faire un si grand état... Par une conséquence inévitable de l'état anormal dans lequel l'horrible fléau de la guerre place les adversaires, on peut considérer comme relativement légitimes ou juger indispensables beaucoup de choses qui, en d'autres circonstances, seraient des crimes abominables... Les Cévenols ont usé de repré-

Ne leur est-il pas dû autre chose encore? On glorifie aujourd'hui beaucoup l'homme : c'est le fait des époques qui oublient Dieu. On dresse volontiers des statues à quiconque s'est illustré, fût-ce même, — triste symptôme ! — en faisant du mal. Après Rousseau, voici Rabelais, puis Quinet, puis Dufour. Victor Hugo est monté aussi haut que le néant humain a pu porter son orgueil. Demain, ce sera Gambetta ; après-demain, Coligny..... Je ne boude ni ne condamne ; je ne veux pas être morose ; je me borne, pensif, à constater. Eh bien, en suivant cette ligne, il y aurait un acte d'équité à accomplir. Que nous le voulions ou non, nous avons une dette envers les héros cévenols, qui, en versant leur sang à flots, ont procuré, pour leur part, à la société moderne, la plus précieuse de toutes les libertés. Pas de statue ! Ils furent plusieurs, et les figures symboliques que notre art sans

sailles sanglantes, mais quand ont-ils pris les armes, sinon après avoir été victimes, eux et les leurs, des plus horribles cruautés ? (*Les prophètes des Cévennes.* — *Chrétien évangélique* de 1869.)

inspiration inventerait, ne seraient dignes ni de leurs souffrances, ni de leur austérité. Mais sur le point culminant des Cévennes une colonne, un obélisque brut, avec cette inscription, vierge de dorures et profondément taillée dans le granit : AUX CAMISARDS ! Puis, au-dessous... oui, quelque chose de pareil à ce que Sparte grava pour Léonidas et les trois cents héros qui l'accompagnaient aux Thermopyles : « Voyageur, va dire au monde comment des chrétiens ont su souffrir, se lever, combattre et mourir pour les deux biens indissolublement unis dans l'histoire et dans la vérité : *la liberté et l'Evangile !*

La liberté de conscience ! Oh ! cette conquête, arrosée de tant de larmes et de tant de sang ! Ce phare des temps modernes, élevé au milieu de nos sociétés civilisées au prix de tant de souffrances. Cette étoile polaire, glorifiée en théorie, insultée, bafouée souvent dans les faits ! Si les trésors sont précieux en proportion de ce qu'ils ont coûté, quelle valeur ne doit-elle pas avoir pour nous !... Ne nous la laissons donc pas ravir ! Ne souffrons pas qu'on nous l'amoindrisse, sous aucun prétexte et à quelque degré que ce soit ! Sachons lutter pour elle, comme pour elle naguère nos pères ont su mourir ! Dans ce domaine, tous les despotismes se valent, qu'ils partent d'en haut ou qu'ils sortent d'en bas, parce que le principe et les résultats en sont les mêmes. J'aime autant les ukases des Louis XIV ou des Bâville que les impératifs d'une horde populaire ! Recueillons les leçons de l'histoire et sachons en profiter ! Soyons dignes de nos origines politiques et religieuses, républicaines et protestantes ! Respectons la conscience d'autrui, même lorsqu'elle offusque la nôtre ! Résistons aux violences et aux tyrannies d'où qu'elles viennent ! Souvenons-nous que le nombre n'est rien en présence du droit ! Courbons l'opinion publique devant la vérité, et non le contraire ! Souvenons-nous enfin que « noblesse oblige ! » Et puisque le mot de liberté remplit nos lois et nos discours, travaillons à réaliser le libéralisme dans nos mœurs !

APPENDICES

I

LES CAMISARDS A LAUSANNE

Nous l'avons dit : les Camisards furent mal reçus à Genève. La cité de Calvin n'aimait pas les prophètes, dont la fougue et l'indépendance ne pouvaient que compromettre la symétrie de son organisation, la sévère ordonnance de son clergé. Elle leur avait toujours témoigné de l'antipathie. Déjà en 1689 certains inspirés du Dauphiné avaient été chassés sans miséricorde, comme « fourbes fourbant », selon l'expression d'un registre des Conseils [1]. En 1704 et 1705, il en fut de même ; mais, cette fois-ci, pour des

[1] Amédée Roget. *Hommes et choses du temps passé,* page 27. Extrait des registres des Conseils, 26 février 1689 : « Sur ce qui a esté rapporté qu'il arriva encore hier deux garçons du Dauphiné, qui s'érigent en prophètes, et sont de petits imposteurs, — dont opiné après avoir ouï .spectable Ant. Léger, Modérateur, sur le dit fait, a esté dit qu'on doit sans délay chasser ces jeunes fourbes de la ville. »

raisons plutôt politiques que religieuses. La république craignait le mécontentement de Louis XIV, son puissant et susceptible voisin. — En novembre 1704, le syndic de la garde déclare qu'il n'y a à Genève que trente-cinq camisards, dont dix arrivés de la veille. Il opine pour qu'on les laisse simplement en repos. Mais le résident français, déclarant, le 28 du même mois, qu'il est dans l'intérêt de la République de ne pas souffrir la présence des Camisards, Genève, docile, commence à prendre des mesures de rigueur. Le 26 décembre, Castanet est chassé, ainsi que sa femme, à laquelle se rattache l'une des rares idylles qui aient coupé la sanglante tragédie de l'insurrection [1]. Et chacun

[1] Castanet, quoique difforme, avait épousé une charmante jeune fille du nom de Mariette, et, pour célébrer son union, il avait généreusement relâché vingt-cinq prisonniers catholiques. Mais peu de temps après, *la princesse de l'Aigoual* (on l'appelait ainsi ironiquement), était faite captive. Castanet, qui l'adorait, ne se livra pas à un désespoir stérile ; il entra dans Valleraugue, s'empara d'une dame de qualité, et fit proposer à Montrevel un échange que celui-ci ne put se dispenser d'accepter. Le rose avait failli tourner au rouge... Dans ces luttes terribles, il ne pouvait guère en être autrement.

Chassé de Genève, Castanet rentra en France, fut pris, et roué vif sur l'esplanade du Peyrou, à Montpellier. « Cet impie, dit L'ouvreleuil, mourut dans la

pressent que les mesures de rigueur devinrent plus graves, lorsque, dans le mois de mai 1705, Bâville lui-même intervint par deux missives.

A Lausanne, où plusieurs prophètes se fixèrent, après une tentative avortée de soulever les Cévennes, l'accueil fut d'abord meilleur. Vers le milieu de l'année 1705, Durand Fage, Elie Marion et Abraham Mazel s'y trouvèrent réunis. Ce dernier y habitait encore au commencement de 1707. L'autorité s'efforça de les traiter en gens de peu d'importance ; elle voulait empêcher l'attention de se fixer sur eux [1]. Néanmoins, là aussi, ils causèrent des troubles, excitèrent des méfiances, réveillèrent des inquiétudes, et finirent par être éconduits.

réprobation. Il souffrit sur la croix des douleurs terribles... On eût dit à entendre ses cris perçants qu'il était possédé du démon!... » — « Sacrilège endurci ! » ajoute le prêtre-historien. Castanet resta ferme en effet, en dépit des prêtres qui, sans pudeur, obsédèrent son agonie (*L'obstination confondue*, p. 12).

[1] On lit en effet dans les registres des Conseils de Genève : « *Vendredi, 25 Avril 1705.* Monsieur le Syndic de la Garde rapporte qu'ayant écrit à Lausanne pour savoir s'il y a des Camisards au Pays de Vaud, on lui a répondu qu'il n'y en avoit plus ; qu'au reste tous avoient pris la route de Zurich pour aller dans le Tyrol, *estant surprenant que l'on ait fait tant de bruit pour si peu de chose.* »

I.

La principale affaire à laquelle nous les trouvons mêlés, est un projet de descente armée en Savoie, par le lac, en partant du petit port d'Ouchy. Cavalier, soupçonnant à bon droit qu'il se tramait quelque chose contre lui, avait quitté la France trois mois et demi après sa soumission entre les mains de Villars (1er septembre 1704), et, passant en Suisse, il s'était mis au service du duc Victor-Amédée II, allié depuis 1703 contre Louis XIV, avec la Hollande, l'Autriche et l'Angleterre, dans la guerre de la succession d'Espagne. Le moment était difficile. Battu par le duc de Vendôme, Victor-Amédée II avait perdu successivement Suze, Aoste, Ivrée. Il lui importait de faire des recrues. Sans la vigilance de la police bernoise, le nom de Cavalier y aurait réussi parmi les Cévenols réfugiés dans le Pays de Vaud. On lit en effet dans les archives du Bailliage de Lausanne, l'enquête suivante, que nous citons en l'abrégeant :

« Le mardy, 17e de novembre 1705, Monsieur le Colonel de Crousaz, en qualité de Lieutenant baillival de Lausanne, ayant esté adverty, environ les dix heures du soir, en absence de notre Magnifique et puissant Seigneur Baillif,

« Qu'il y avait deux cents Hommes armés dans un cabaret, soit maison de campagne, au-dessous de Montbenon, proche la ville, qui avoyent dessein de passer le lac, quelques-uns s'estant mesme adressés à des bateliers d'Ouchy pour avoir leurs bateaux afin de passer le lac, promettant de les bien payer, ce que les dits bateliers leur ont refusé, et de ce aussi donné advis ;

« Le dit Seigneur Lieutenant Baillival, auroit sur ce promptement donné ordre à M. le Chastellain de Crousaz, son petit-fils, Lieutenant dans son Régiment, de descendre au mesme moment au dit Ouchy, avec le monde qu'il pourroit trouver, pour cacher les rames dans le Magazin de Leurs Excellences, et couper les cordes des dits bâteaux et empescher qu'on ne s'en emparât, et mesme couper et casser les dites rames, en cas qu'on les voulût forcer. Et d'autre côté, le dit Seigneur Lieutenant Baillival auroit donné ordre à M. le Major de Crousaz de prendre des soldats avec luy, pour aller dans le dit cabaret, voir et reconnoistre ceux qu'il y avoit, et se saisir des armes qu'ils pouvoyent avoir et de leurs personnes mesmes. Lequel y seroit allé avec quatre soldats, n'en ayant pu avoir davantage sur le champ, et y auroit trouvé une cinquantaine de personnes ; ayant demandé à l'hoste ou cabaretier ce que ces gens faisoyent là, il luy répondit qu'ils n'y faisoyent rien que de boire. Sur quoy il luy demanda encore s'ils n'avoyent point d'armes ; lequel luy jura et fit des serments horribles que non. Cependant, le dit M. le Major ne laissa pas que de visiter toute la maison, autant qu'il pût, sans en trouver aucune ; mais ayant appris qu'il y en avoit dans la cave, qui estoit fermée à clef, et n'ayant pas assez de monde pour faire forcer, il en serait venu faire rapport au dit Seigneur Lieutenant Baillival, qui aurait ordonné à MM. les Justiciers Milot et Descombes, officiers dans le Régiment d'Election, et à quelques autres d'y aller avec un nombre suffisant de soldats, qu'on avoit eu le temps de faire assembler, et mettre sous les armes dans la ville, avec le mesme ordre de saisir les dites armes et ensuite toutes les personnes attroupées au dit lieu, ce qui a esté ponctuellement exécuté. Il s'est trouvé dans la dite cave, dont le dit cabaretier avait la clef, la quantité de vingt-huit fusils, quelques pistolets chargés, des bayonnettes et de la poudre que l'on a apportés et mis en sûreté, comme aussy conduit et amené ces personnes en prison, où on les fait sûrement garder, par des officiers et soldats à qui l'on fait monter la garde expressément.

« De quoy le dit Seigneur Lieutenant Baillival a donné advis au Noble, Magnifique et puissant Seigneur Baillif de Morges, et aussi au Noble, Magnifique et puissant Seigneur Baillif de Nyon, Haut Commandement du Pays de Vaud, pour leur conduite, d'autant plus que le bruit disait qu'il y en avait rière leur Bailliage. Après quoy, ayant attendu le retour de nostre dit Magnifique et puissant Seigneur Baillif de Lausanne, et luy ayant aussy fait rapport du tour, Sa Seigneurie Baillivale a donné ordre exprès d'examiner les dits détenus, et de dresser une information exacte du fait, pour l'envoyer à L.L. E.E. de Berne, nos Souverains Seigneurs, et de faire toujours sûrement garder ceux qui se trouveront impliqués dans cette affaire, en attendant le bon vouloir de L.L. E.E.

« Le Jeudy 19e du dit mois de Novembre 1705, en exécution du dit ordre, le dit Seigneur Lieutenant Baillival, et Messieurs les Assesseurs Baillivaux, avec le Secrétaire soussigné, se sont assemblés pour procéder au dit examen, auquel effet les dits détenus ont esté sérieusement enquis et sommés à dire et déclarer à quel sujet ils s'estoyent attroupés, et quel dessein ils avoyent, et s'ils prétendoyent passer le lac pour aller en Savoye, et ce qu'ils y vouloyent faire et entreprendre, et après avoir sur cela esté fortement exhortés à dire la pure vérité, chacun séparément et en particulier ils ont fait leurs déclarations. »

*
* *

Nous les épargnons à nos lecteurs. Elles sont au nombre de cinquante, toutes semblables. Le but de l'expédition n'est souvent pas indiqué, parfois il varie. Mais toujours le nom de Cavalier, mis en avant, triomphe aisément des scrupules, si brillant était le souvenir que le jeune chef avait laissé, si grande l'influence qu'il avait exercée ! Bornons-nous à trois échantillons, dont l'un peut être pris comme type, les deux autres se rapportant à des personnalités célèbres :

2. *Jean Benezel*, de Nismes, a déclaré qu'estant en chemin sur Montbenon pour aller à Morges, avec le nommé Abraham Juliau, cordonnier, ils furent avertis d'aller chez Noir (le cabaretier conspirateur). Et y estant allé, on lui proposa, s'il vouloit passer le lac et aller joindre Cavalier, sous lequel il avoit servy en France parmy les Camisards, et qu'il devoit aborder auprès du Chasteau d'Yvoire. Et il avoit promis d'y aller.

27. *Durand Fage*, d'Aubais, prosche de Nismes, facturier en laine, a dit qu'il venoit tout nouvellement de Genève, et estant allé à Ouchy pour voir si on luy avoit amené des hardes, quelques personnes de sa connaissance le menèrent boire en revenant chez le

dit Noir. Il a déclaré qu'il avoit servy cy devant sous Cavalier, mais que personne ne lui proposa de s'engager; que, cependant, il resta là à boire avec les autres, dont il ne savoit pas le dessein.

34. *Abraham Mazel*, des Cévennes, a dit avoir esté en service dans les Camisards, sous le nommé La Rose (d'abord lieutenant de Castanet, puis, en Juillet 1704, chef indépendant), et ayant esté pris, a demeuré en prison sept moys, d'où ayant esté relasché [1], il est venu icy, où l'un de ses camarades lui a proposé d'aller rejoindre Cavalier ; mais qu'il en a fait refus, à cause qu'il est faible des jambes, ayant même la fièvre présentement, et s'estant trouvé à boire avec eux chez Noir.

On le voit : si le style baillival laisse à désirer, les données baillivales sont intéressantes. Quoiqu'il fût alors à Lausanne (août 1705 — 23 juillet 1706), Elie Marion ne paraît pas dans le compte-rendu du procès [2]. L'avait-on jugé trop scrupu-

[1] Il y a ici une inexactitude. Mazel ne fut point relâché. Il se sauva de la Tour de Constance, à Aigues-Mortes, le 27 juillet 1705.

[2] Ce procès causa de l'émotion sur tout le littoral du Léman, notamment à Genève. « Advis est donné, lit-on en date du 20 novembre 1705, dans un des registres, que pendant la nuit du mardi au mercredi 18, on a saisi dans une grange proche de Lausanne cent-cinquante hommes ; qu'eux et leurs chefs avaient été emprisonnés, que leur dessein était de s'embarquer à Ouchy pour passer en Savoie. » Cent-cinquante hommes pour cinquante ! De Lausanne à Genève, la légende brodait déjà.

leux pour une entreprise après tout assez profane et charnelle ? Gardait-il une dent à Cavalier pour sa défection, trop vite oubliée dans les fumées du vin, — ô contagion ! — sous Montbenon, au cabaret Noir ?... Il était près de son vieux père, jouant le seul rôle qui fût digne des origines du mouvement cévenol : le repos, le recueillement après la défaite, en attendant des jours meilleurs ! S'il s'y était seulement toujours tenu devant Dieu !

Mazel fut libéré de l'accusation. Même pour LL. EE., soupçonneuses pourtant, sa fièvre, gagnée dans la tour de Constance, était une garantie suffisante de tranquillité. En revanche, Durand Fage fut jugé coupable. Sur cinquante prévenus, il y eut trente-neuf condamnés, tous conduits hors de la frontière :

« ... Le Jeudi, 26 Novembre 1705, tous les susnommés, à la réserve de Jean Guaydan, qui s'est sauvé, ont esté bannis des terres du Pays de LL. EE., en vertu de lettres souveraines émanées du Magnifique et très honoré Seigneur Baillif, en date du 24 du dit moys, avec ordre de les conduire hors du Pays et de les faire escorter jusques sur les frontières par des fusiliers. »

II.

Finis coronat opus. Mais la fin n'était ici qu'un commencement, au moins pour les exilés. Leur entreprise de la mi-novembre 1705 était à la fois imprudente et naturelle. Louis XIV, quoique attaqué, et, somme toute, amoindri, restait puissant et soupçonneux. Il agit sans retard. Le 7 mai 1705, le marquis de Puysieulx, ambassadeur de France auprès du Corps helvétique, avait requis des Seigneurs de Berne le renvoi hors du pays de Vaud où il s'était retiré [1] d'un nommé Flotard, qualifié de fauteur de révolte contre Sa Majesté. Le 11 mars 1706, il revint à la charge par la lettre suivante, datée et expédiée de Soleure :

« MAGNIFIQUES SEIGNEURS,

« Il se fait dans le Pays de Vaud une chose qui est préjudiciable au service du Roi, et contraire aux alliances qui sont entre Sa Majesté et le louable Corps helvétique. Flotard y est revenu de Hollande avec de nouvelles instructions, pour rallumer le feu de la révolte dans les Cévennes. Il y avoit renvoyé pour cet effet Salomon [2], l'un des prophètes des fanatiques, un nommé Des Vignes, et un autre. Ils ont été arrêtés, et un troisième, qui s'appelle Vayrac, a avoué qu'il avoit vu Flotard logé chez un de Messieurs vos Baillifs. Je suis persuadé, Magnifiques Seigneurs, que la conduite de celui de vos Baillifs qui a donné retraite dans sa maison au dit Flotard, ne sçauroit que vous

[1] Court, Tome III, p. 234.

[2] Salomon Couderc, l'un des exécuteurs de Du Chaila. Voyez page 46.

être très désagréable, puisqu'elle est entièrement contraire aux ordres que vous voulûtes bien donner le mois de Mai dernier, de le faire sortir de votre territoire aussitôt qu'il y seroit vu.

(Signé) PUYSIEULX.

C'était clair et net, il faut en convenir. LL. EE. se trouvaient dans une situation délicate, sinon dangereuse. Afin de dissiper les soupçons, elles firent du zèle. Les Camisards réfugiés devinrent le point de mire de leurs ukases, preuves en soient les deux pièces suivantes que nous avons trouvées dans les registres, malheureusement fort incomplets, du bailliage de Lausanne :

I. ORDONNANCE CONTRE LES CAMISARDS. (*II*e *Registre des mandats souverains*, p. 322.)

« Nous, Sigismond Steiger, Colonel Baillif de Lausanne, faisons savoir que leurs Excellences de Berne, nos Souverains Seigneurs, ayant esté informés qu'il se fait encore dans leur Pays de Vaud des Assemblées de Bandits Réfugiés et Camisards, lesquels s'attroupent dans le dessein d'exécuter et faire des partis pour commettre des vols dans la Savoye, la Bourgogne ou ailleurs, ainsi qu'ils l'ont pratiqué jusques icy, et en dernier lieu par le vol fait sur le lac au Brigantin de Villeneuve, ce que, en contravention de l'ordonnance Souveraine et très sérieuse qui a esté émanée et publiée en chaire, et des ordres que nous avons aussi donnés et réitérés à ce sujet rière notre

Préfecture, on ne laisse pas que de loger et donner auberge à de telles gens ; c'est pourquoi en vertu des Lettres souveraines à nous adressées et émanées en date du 29e Juillet dernier, afin de prévenir et empescher l'exécution de ces mauvais desseins, *qui ne peuvent causer que de fascheuses suites* [1], — Il est derechef fait défense à tous les hôtes et cabaretiers, et aussi à tous les particuliers des Villes, Bourgs, Villages et Hameaux, de rière le présent Baillyage, de donner aucun Logement, Auberge, ny retraite, à de telles personnes suspectes, ny de leur tendre main pour se cacher, mais plus tost en connoissant quelques-uns, les nous venir dénoncer, sinon aux chefs de chaque lieu, le tout à peine aux contrevenants d'un bannissement, et mesme de la vie, suivant l'exigence du fait...

Et pour que personne n'en prétexte cause d'ignorance, les présentes devront estre lues en chaire dans toutes les Eglises du Baillyage. Donné sous nostre sceau et signature de nostre secrétaire, le 2e Aoust 1706. »

Peu de jours après les rigueurs se précisent et s'accentuent :

II. Ordre de saisir des chefs de Camisards.

Même registre, p. 324 :

Par ordre de Leurs Excellences de Berne, nos Souverains Seigneurs, et en cas que les nommés Dental,

[1] C'est nous qui soulignons cette phrase où LL. EE. laissent transparaître leurs préoccupations.

Populus, Rocayrol, Guy [1], Faizan et Aubert, chefs des vols et partis qui se sont faits, soient vus et aperçus, rière le présent Baillyage de Lausanne, il est enjoint à toutes personnes d'en donner advis au Magnifique, puissant et très honoré Seigneur Baillif de Lausanne, d'abord qu'ils les auront vus ou qu'ils sauront les lieux où ils pourront estre en mesure de les saisir, arrester et conduire au Chasteau de dite ville. S'ils le peuvent faire, sadite seigneurie Baillyvale leur donnera de récompense à chacun cinquante florins, pour chacun des chefs cy-dessus nommés. C'est ce qui sera publié par toute la ville du dit Lausanne et puis aussi notifié aux hostes et cabaretiers des dits lieux, pour que les ordres de Leurs Excellences soyent duement exécutés. Donné le 5 Aoust 1706.

Pauvres Camisards ! Ceux que l'on accusait de vol étaient-ils vraiment tous des leurs et méritaient-ils l'imputation ? Les registres que nous avons consultés restent muets, mais ils laissent deviner la vérité sur un autre point : LL. EE. ne les voyaient pas de bon œil, et ne demandaient pas mieux que de leur endosser tous les méfaits occultes de leurs possessions vaudoises, en se conciliant ainsi à bas prix la bienveillance de Louis le Grand. Après Mont-

[1] Probablement *Daniel Guy* dit Billard, qui avait été lieutenant de Cavalier (Court, tome III, p. 299) et fut tué dans les Cévennes, en août 1709. Bonbonnoux, dans ses *Mémoires*, l'appelle « le plus distingué du triste débris ».

revel et Bâville, après les dragons et les miquelets, ils se heurtaient aux « magnifiques et puissants seigneurs baillifs » et à leur police. On comprend qu'ils aient quitté au plus vite cette terre inhospitalière. Si du moins leurs épreuves s'étaient terminées alors!... Hélas! les temps d'insurrection où prophètes et soldats devaient se tenir prêts à toute heure à monter sur la roue ou sur le bûcher, ne furent certainement pas aussi pénibles que ceux où ils virent leurs coreligionnaires auxquels ils avaient regardé pleins de confiance et d'espoir, faire sournoisement, et pour des raisons qu'ils ne pouvaient comprendre, cause commune avec leurs persécuteurs!

II

L'INSPIRATION CÉVENOLE

C'est de 1686, que date le prophétisme dans le midi de la France. Il se montre d'abord en Vivarais, d'où il passe en Languedoc. Les principaux noms à rappeler sont ceux de Corbière, de Gabriel Astier, et d'Isabeau Vincent, plus connue sous les titres de « Belle Isabeau » ou de « bergère de Crest. » Leurs extases accompagnent et suivent le chant des psaumes, entendu dans les airs, sur les ruines de certains temples, et dont Jurieu a fixé le souvenir dans sa septième lettre pastorale. Si l'insurrection des Cévennes a donné une impulsion énergique aux forces mystérieuses alors en activité, ce n'est pas à elle que l'on en a dû l'apparition. Elle a développé, étendu, multiplié ; elle n'a pas créé. Il vaut la peine, ce nous semble, de tracer un tableau de ces phénomènes étranges, et nous allons l'essayer en quelques pages.

I

Un premier point à relever, c'est le caractère contagieux de l'inspiration. Les prêtres seuls y sont réfractaires. Les hommes en semblent favorisés aussi fréquemment que les femmes. Les familles catholiques ne se trouvent point à couvert. Au Vigan, le juge maire, persécuteur acharné, voit ses enfants « saisis par l'Esprit. » Un homme de Vaizenobre, à trois lieues d'Alais, avertit le curé que son petit garçon prophétise et lui demande de l'exorciser. L'enfant entre en extase devant le prêtre. Aussi Brueys a-t-il pu dire sans exagération : « Le Fanatisme fut répandu à grands flots, avec tant de rapidité, que la flamme d'un embrasement poussée par le vent, ne passe pas plus vite de maison en maison, que cette fureur ne vola de paroisse en paroisse. » [1]

A cela se rattache le caractère impératif, dominateur, nous allions dire : despotique de l'inspiration. Elle triomphe des volontés les plus rebelles. C'est en vain que l'on essaie de s'y dérober, en vain aussi que l'on tente de lui arracher la personnalité dont elle s'est saisie.

[1] Brueys. *Histoire du fanatisme.* I, 13, 149. L'ouvreleuil, *Fanatisme renouvelé,* I, 7, 13 etc.

Elle agit avec une souveraine liberté. « Parfois, les grâces sont envoyées à ceux qui les redoutent. D'autres fois, Dieu les refuse à qui les désire. »[1] Les coups et les mauvais traitements ne peuvent rien contre elles. Le fils d'un riche paysan, nommé Halmède, est visité par l'Esprit. Son père le fait jeûner ; puis il le roue de coups, et enfin il s'efforce de le couvrir d'une peau de serpent en guise d'exorcisme. Tout est inutile ; peu de jours après, le père, gagné, se met à prophétiser à son tour[2]. L'inspiré se déclare invariablement passif. Parfois, il voudrait se dérober ; il s'enfuit ; il gémit ; il crie grâce... Mais le souffle vainqueur, passant sur lui, le fait vibrer comme une lyre, et sa bouche s'ouvre pour prononcer des oracles auxquels il proteste avec énergie n'avoir aucune part. « Je n'agis nullement, s'écrie Durand Fage. Je ne fais qu'obéir et souffrir ce qui agit en moi. Mon cœur s'échauffe et ma chair frémit... Je m'abandonne, je me livre à mon Dieu, et c'est Lui, c'est sa vertu grande et admirable qui fait et qui dit ce que l'on voit et ce que l'on entend. »[3] Aussi, l'oracle est-il presque tou-

[1] *Théâtre sacré des Cévennes*, déposition de Durand Fage, p. 121 de l'édit. de 1707.

[2] *Théâtre sacré*. Déposit. d'Abr. Mazel, p. 88 et suiv.

[3] *Ibid*, Dépos. de Durand Fage, p. 121.

jours rendu comme venant en ligne directe d'une personnalité invisible, mais présente et souverainement agissante. « Je te dis, mon enfant. » C'est le terme sacramentel. Une remarque à faire ici, c'est que cette forme est presque entièrement absente des écrits de la période de décadence (voir pages 77, 78, la note). Là, se trouve surtout la prière, c'est-à-dire l'élan de l'âme vers Dieu, la révélation, à savoir Dieu s'inclinant vers l'homme, n'étant qu'au second plan [1]. La différence saute aux yeux du lecteur attentif, et elle suffit, ce nous semble, pour assigner, comme nous le voulons, une place à part au *Théâtre sacré des Cévennes*, dans la collection des écrits du même genre qui l'ont suivi.

L'entrée en extase était presque toujours marquée par des phénomènes physiques. Ces phénomènes variaient de nature, et aussi d'intensité, mais jamais ils ne manquaient absolument. C'étaient d'abord des sanglots et des secousses. Celui dont l'Esprit voulait faire son

[1] Voici par exemple le début du *Cri d'alarme* (1712): « Sois une Lampe à nos pieds, Eternel, une lumière à nos Sentiers. Ne permets point que nous bronchions. Ne permets point que nous allions là où tu ne nous aurois point envoiés, Seigneur Eternel ! Si ce n'étoit point ta Volonté, ce qui vient d'être annoncé en ton Nom, fais le connoître, Seigneur. Que ta Justice plutôt s'exerce ; qu'aucune chose ne se fasse contre ta sainte Volonté ! »

8

organe devenait pâle ; puis, il changeait de couleur à diverses reprises ; il avait aussi les entrailles bruyantes. Parfois, il tombait à la renverse, sa physionomie accusant une vive souffrance. Ses larmes coulaient en abondance, il se sentait frappé dans la poitrine d'un coup violent, que suivait une sensation d'ardeur étrange et dévorante, comme si un feu eût subitement coulé dans ses veines. Cet état de malaise pouvait durer ; dans certains cas, il se reproduisait après un temps plus ou moins prolongé d'accalmie, et cela sans que la bouche du prophète fût déliée. Le travail semble avoir été d'autant plus profond, que Dieu voulait doter l'instrument avec plus de richesse, en lui faisant jouer un rôle éminent. Elie Marion resta muet un mois entier ; il était visité par l'Esprit sans beaucoup souffrir. En revanche, Abraham Mazel, ne fut soumis qu'à un petit nombre de secousses. [1] Il est à remarquer, que les premières agitations étaient invariablement les plus accentuées que le prophète dût éprouver, son tempérament donné. L'organisme s'accoutumait à la visite du

[1] *Théâtre sacré*, p. 68, et 25. Cf. *Plan de la Justice de Dieu* (1714) page 1. Voici ce dernier passage : « Je vous donne pour un Signe les longues Préparations et Agitations que j'ai données par mon Esprit sur l'Organe qu'il possède. Pour vous être un Signe, Peuples habitants de la terre, je l'ai tenu sous ma main ! »

souffle mystérieux. Tout y devenait flexible. Ainsi Cavalier, lorsqu'il était interrogé, et « frappé par l'Esprit » au moment de répondre, ne se montrait que « légèrement agité. » [1] Ces phénomènes physiques variaient aussi d'intensité suivant le but auquel tendait l'inspiration. S'agissait-il d'une prédication pure et simple ? Ils restaient modérés. Le prophète devait-il au contraire révéler l'avenir ? On le sentait ébranlé jusqu'au fond de son être... « Lorsque les inspirés preschoient en public, dit Isabeau Charras, leurs agitations n'étoient pas fort grandes et ne duroient pas longtemps, et alors ils parloient avec beaucoup de foi, de courage et de facilité, ensorte qu'on les auroit pris pour des prédicateurs savants, éloquents et remplis de zèle, quoique bien souvent ce ne fussent que des enfants ou de pauvres simples païsans, qui ne savoient seulement pas lire. Mais quand ils prédisoient les jugements de Dieu, et qu'ils disoient certaines choses touchant l'avenir, il arrivoit presque toujours qu'ils tomboient d'abord à terre. La poitrine, les bras, le corps entier souffroient de grandes secousses, et ils éprouvoient une certaine difficulté de respirer. » [2]

[1] *Théâtre sacré.* Edition originale, page 117.

[2] *Théâtre sacré*, page 167.

L'âme n'était pas moins troublée. Comme si un coup de foudre eût éclaté subitement dans un ciel serein, elle passait de la quiétude du papiste confiant en son curé, ou du vague malaise du réformé apostat, au cri déchirant des auditeurs de la première prédication de l'apôtre Pierre. La conviction du péché était ordinairement poignante. « Je fus, dit Elie Marion, frappé violemment par une idée affreuse de mes péchés ; ils me parurent noirs et hideux, et en nombre infini. Je les sentois comme un fardeau qui m'accabloit la tête, et plus ils s'appesantissoient sur moi, plus redoubloient mes cris et mes pleurs. Ils me remplirent l'esprit d'horreur, et dans mon angoisse, je ne pouvois ni parler, ni prier Dieu. » De même Jean Cavalier, de Sauve : « Je fus tout occupé du sentiment de mes péchés. Les fautes de libertinage, auxquelles j'estois le plus sujet, me parurent des crimes énormes, et me mirent dans un état que je ne saurois ici décrire. » [1] Violente, cette phase n'était pas de longue durée. Même au sein des angoisses du repentir, celui que l'Esprit « travaillait, » ne souhaitait pas de retourner à sa mondanité. Dans son tourment, il y avait déjà comme un rayon de bonheur, et sa prière montant à Dieu toujours plus fervente, l'affranchisse-

[1] *Théâtre sacré*. Edit. de 1707, pages 67 et 43.

ment commençait. « Je ne cessai d'implorer la grâce de mon Père céleste, qui, selon sa clémence infinie, parla aussi de paix à mon cœur, et essuya les larmes de mes yeux. » Ces mots d'Elie Marion complétent et corroborent les paroles suivantes de Durand Fage, qui résument admirablement, ce nous semble, l'œuvre de l'Esprit : « Je m'élevois perpétuellement à Dieu. Les divertissements ordinaires de ma jeunesse me parurent non seulement méprisables, ils me devinrent insupportables. L'idée de mes péchés occupoit incessamment mon esprit, et c'est ce qui me causoit tant de sanglots et tant de tressaillements. De sorte que ma bouche prononçoit incessamment : « Grâce ! grâce ! miséricorde !... » Cependant, j'estois soutenu par une bonne espérance, et par une joie mêlée avec ma bonne tristesse. Et je reçus, trois semaines après, des consolations infiniment douces, qui donnèrent à mon esprit une tranquillité et un contentement secret, qui, jusque-là, m'avoient esté inconnus... Depuis ce temps-là, j'ai toujours esté et je suis encore dans le même estat [1]. »

De l'heure de crise, l'inspiré conservait une horreur profonde du mal, qu'il estimait étroitement et indissolublement liée à la continuation des privilèges que nous décrirons tout à l'heure,

[1] *Théâtre sacré*, pages 67 et 106.

et dans lesquels il voyait son meilleur trésor. Pour lui, « s'éloigner de Dieu, c'était s'éloigner de l'Esprit, » comme aussi celui-là seul perdait « ses grâces » qui avait eu le malheur d'offenser son Dieu [1]. Presque toutes les aberrations des prophètes camisards ont eu leur source dans un sentiment respectable : nous touchons ici la cause profonde de la persistance morbide de l'inspiration. Mais il y a plus. Chez celui qui avait reçu l'Esprit, l'horreur du mal était unie à un sentiment élevé de la Sainteté divine. Pas de scène plus solennelle dans le *Théâtre sacré*, que celle où Salomon Couderc, met à part ceux qui, dans la troupe qu'il commande, ne sont pas suffisamment purifiés pour se présenter devant Dieu. Et l'opération n'était pas insolite, puisqu'à un autre moment, nous la voyons se reproduire par le ministère d'Abraham Mazel.

Le prophète étant préparé physiquement et moralement, l'Esprit pouvait faire son entrée en lui comme en son temple, et se servir de lui comme d'un instrument docile. Nous l'avons dit : parfois, les agitations se concluaient promptement par le verbe prophétique ; dans d'autres

[1] *Théâtre sacré.* Déposition de Durand Fage, page 121.

circonstances, elles se reproduisaient longtemps stériles, en apparence du moins, comme si une main mystérieuse, se posant sur les lèvres, les eût à jamais scellées. Jean Cavalier attendit sa délivrance pendant près de neuf mois. [1] Mais quelle scène étrange et saisissante, lorsque tous les obstacles étant emportés, l'inspiration donnait son tour ! Quelle métamorphose dans l'acteur ! Quelle émotion, faite de respect, de crainte, de désir et de joie, parcourait l'auditoire ! Heures fortunées où il semblait que le monde visible et l'invisible se rencontrassent, s'unissent, en des hommes élus et sur une terre prédestinée !

La figure du prophète s'illuminait. Toutes les émotions, douces ou terribles, qui assiégeaient son âme, s'y peignaient comme en un fidèle et vivant miroir. Il commençait à parler... En temps ordinaire, c'était un homme sans lettres, de facultés médiocres, sinon même inférieures

[1] *Théâtre sacré*, page 44, 45 : « L'enfant prédicateur ajouta que parce que j'avois murmuré, la volonté de Dieu estoit de me tenir un certain temps dans un estat d'humiliation ; et qu'il me visiteroit en me terrassant seulement, jusqu'à ce que son bon plaisir fût de mettre aussi sa parole en ma bouche : qu'en attendant, j'eusse à prier sans cesse... Après environ neuf mois de sanglots et d'agitations sans parole, un Dimanche matin... Dieu m'ouvrit la bouche. »

à la moyenne. Il ne savait guère que le patois de ses montagnes ; il aurait été incapable de faire en français le moindre discours. O merveille ! Dans cette langue, consacrée par les traductions de la Bible, par le vénérable et fortifiant psautier, il s'exprimait d'abord lentement et comme en s'éveillant d'un rêve ; puis, avec plus de rapidité, jusqu'à ce que son discours se déroulât, pareil à un fleuve, ou grondât, semblable au torrent descendant après une pluie d'orage dans une gorge des Cévennes. L'ignorant, l'idiot même était transformé en grand orateur. « Des diverses personnes que j'ai vues dans le saisissement, dit M. de Caladon, qui n'était point un prophète et pas davantage un Camisard, il n'y en a point eu qu'il m'ait causé plus d'estonnement qu'une certaine pauvre idiote de païsanne, âgée d'environ quarante ans ; je la connaissois, parce qu'elle avoit esté en service chez un de nos amis. C'estoit assurément la plus simple et la plus ignorante créature que nos montagnes ayent jamais produite. Quand on me dit qu'elle preschoit, mais qu'elle preschoit à merveilles, en vérité, je n'en crus rien du tout. Il ne pouvoit pas me tomber dans l'esprit qu'elle pust joindre quatre mots de François ensemble (et je crois que j'en aurois juré), ny même qu'elle eust la hardiesse de parler dans une compagnie. Cependant, j'ai esté témoin plusieurs fois qu'elle s'acquittoit de tout cela miraculeusement bien. Cette ânesse de Balaam avoit une bouche d'or, quand l'intelligence céleste la faisoit parler » [1].

C'était là le cas le moins étrange ; ce n'était pas le plus fréquent. L'Esprit semblait se jouer de toutes les lois acceptées comme indiscutables ; il faisait grand dans l'extraordinaire. Il ne choisissait pas ses instruments de prédilection parmi les adultes, mais parmi les enfants, la pousse verte à peine éclose portant ainsi des fruits que l'arbre en pleine vigueur n'eût certainement pas produits. Tantôt, il s'en emparait à l'âge où, d'ordinaire, le jeu les absorbe, vers six ou sept ans. D'autres fois, mais plus rarement, c'était vers trois ou quatre ans. Nous avons déjà mentionné les nourrissons de treize et de quinze mois, entendus, en 1701, par Jean Vernet et Jacques Dubois, les témoins mêmes dont nous possédons les rapports [2]. Rien n'a frappé davantage l'apostat Brueys. « Les prophètes, dit-il, estoient pour la plupart de jeunes garçons et des jeunes filles qui ne sça-

[1] *Théâtre sacré*, pages 68-69.

[2] *Ibidem*, pages 15 et 32. Voir ci-dessus, pages 26-27.

voient pas seulement lire.[1] » C'est la prédication d'un enfant qui saisit à salut Jean Cavalier, et le récit qu'il nous en a donné respire toute la fraîcheur du souvenir personnel et vibre de toute son émotion. « Il parla deux heures avec une facilité merveilleuse ; il dit des choses si pathétiques et si excellentes, que tout le monde fondoit en larmes, et moi avec les autres. Personne ne dormoit, j'en suis sûr ; les paroles que ce petit serviteur de Dieu prononçoit n'estoient pas endormantes ; on n'en perdoit pas une, car elles estoient toutes du sujet, et toutes proportionnées à la capacité du bon et simple Peuple qui les écoutoit ; quoiqu'elles fussent toutes sublimes et divines. Les deux heures passèrent comme deux moments »[2]. Parfois, des familles entières possédaient le « don divin » et les foyers de chétives demeures semblaient des autels auprès desquels retentissaient sans halte les plus saints concerts. « Comme j'estois, dit Durand Fage, avec un petit détachement proche de Val-Longue, à deux lieues de Nîmes, le jour commençant à paraître, nous fûmes obligés de nous cacher chez un paysan. Dès que la maîtresse de la maison nous aper-

[1] *Histoire du fanatisme*, I. 2.

[2] *Théâtre sacré*, p. 42.

çut, elle nous dit gayement : « *Frères, soyez les bienvenus* ! » Je luy demandai comment elle sçavoit qui nous estions... Elle me répondit : J'eûs hier au soir un avertissement qui m'ordonna de me préparer à recevoir aujourd'hui de mes Frères... Cette femme, et ses cinq enfants, dont l'aîné n'avoit que douze ans, avoient tous reçu les Grâces »[1]. Enfin, mais ce cas semble avoir été rare, le *Théâtre sacré* parle d'inspirés qui se servaient d'une langue inconnue, dont ils fournissaient parfois eux-mêmes l'interprétation[2].

*
* *

Jusqu'ici, nous n'avons étudié que l'inspiration exaltant les facultés, et produisant des discours puissants dans des organes desquels nul n'aurait osé les attendre... Quelque extraordinaire que ce groupe de faits ait pu paraître, celui que nous abordons maintenant, l'est, à tout prendre, davantage encore. Au travers d'agitations d'une violence inusitée, le prophète sortait parfois de lui-même ; il supprimait quelque chose de l'espace ou de la durée, l'avenir lui devenant présent et les objets lointains entrant subitement dans son horizon visuel.

[1] *Théâtre sacré*, p. 108

[2] *Ibid.* p. 33.

Elisée, le voyant d'Israël, semble accouru des profondeurs du passé sur les bords d'un ruisseau ou dans une forêt des Cévennes. Les faits de ce genre sont nombreux et divers. A l'exception de quelques détails, ils résistent à la critique la plus sévère. Nous en avons déjà mentionné deux : la vision de Cavalier, qui permit de saisir un courrier de Montrevel, et la dénonciation d'un traître, par le ministère du fameux Clary. Mais il y en a bien d'autres. Une vision d'une netteté parfaite, avertit Elie Marion d'un complot, pour le livrer au subdélégué de Bâville à Barre des Cévennes, où sa famille était domiciliée. Abraham Mazel révéla à Salomon Couderc, prophète lui-même, mais dans ce cas spécial frappé d'aveuglement, les entreprises d'un Judas, qui, tombant à genoux, confessa son crime. Une fois que les Camisards étaient sur le point de tomber dans une embuscade, une inspiration les en préserva. Jamais personne ne fut saisi dans la maison de Marion, où presque tout le monde avait reçu « les grâces ». Et lorsque, dans l'inspiration, un membre de la famille avait déclaré qu'il n'y avait rien à craindre, « on ne craignait rien, on entreprenait tout », ce fait étant « arrivé cent fois ». De même quant au danger de mort dans la bataille. Tantôt l'Esprit rassurait, en promettant délivrance et protection; tantôt, il avertissait d'une catastrophe prochaine, l'intéressé pouvant dès lors s'y préparer. Dans ce genre, pas de fait plus remarquable que celui que rapporte Isabeau Charras. « Un de nos voisins, nommé Marliaut, avoit deux fils et trois filles, tous inspirés. L'aînée estoit mariée. Estant enceinte d'environ 8 mois, elle alla dans une Assemblée, en compagnie de ses frères et sœurs, et ayant avec elle son petit garçon âgé de sept ans. Elle y fut massacrée avec son dit enfant, un de ses frères et une de ses sœurs.... Or, tous ces martyrs avoient esté avertis par l'Esprit de ce qui devoit leur arriver »[1]. Il n'y a dès lors pas lieu de s'étonner que le prophète pénétrât les pensées et les sentiments d'autrui d'une façon que l'on ne saurait rattacher à la sagacité naturelle... Tout cela laisse l'impression du prodige, mais de la réalité. Parfois, il en est autrement ; la vision n'est qu'une hallucination, et l'inspiré se promène, au milieu de ses auditeurs stupéfiés, parmi des chimères, comme s'il en faisait partie lui-même. Le *Théâtre sacré* n'a pas de scène plus étrange et moins édifiante, que celle où le prophète Compan figure par ses cris et ses bonds les horreurs de l'enfer, par ses chants et ses discours les joies du ciel.

Plaçons-nous maintenant au moment où l'extase a pris fin. Plus d'agitations. Le prophète

[1] *Théâtre sacré*, p. 96, 97.

est rentré dans la foule ; à peine quelque éclat dans son regard le désigne encore à l'attention. Il semble que ce soit le moment de l'interroger sur ses expériences, et d'étudier, à la faveur de ses réponses, l'état où son âme a comme dépassé la nature.... Vaine espérance ! Un flot mystérieux a emporté certains de ses souvenirs. Les visions sont encore présentes ; l'imagination en a conservé l'empreinte exacte ; lorsque des paroles ont été prononcées pendant leur cours, le prophète peut les répéter. Il en est de même des phénomènes de vue à distance. Mais lorsqu'il s'agit des prédications, on dirait un rêve qui n'a laissé que des traces confuses. « Quelques inspirés, rapporte M. de Caladon d'Aulas, m'ont affirmé qu'ils ne se rappeloient rien de ce qu'ils avoient prononcé, et les autres se souvenoient de quelque chose, mais de fort peu ». « J'ai demandé à plusieurs de ceux qui venoient de parler dans l'inspiration, s'ils pourroient dire une seconde fois ce qu'ils avoient prononcé ; ils m'ont répondu qu'ils ne pouvoient pas le faire ». Un fait à noter aussi, c'est qu'en dépit de la multiplicité et de la violence des enthousiasmes, la santé du prophète et son intelligence subsistent entières. Observé dans l'intervalle, il n'offre pas de symptômes morbides.

*
* *

Tels étaient, infiniment diversifiés suivant l'âge, le sexe, le tempérament et les circonstances, les manifestations ordinaires, les phénomènes typiques de l'inspiration. Nous n'avons tenu nul compte en les décrivant de la gradation posée par Brueys : l'avertissement, le souffle, la prophétie, et le don, ceci devant être le point culminant de l'extase. Elle est inconciliable en effet avec nos documents, et venant d'un historien aussi peu exact et aussi peu respectable que « l'Apostat », elle ne mérite pas la créance que divers auteurs lui ont accordée. Selon nous, les événements doivent se classer d'après leur nature : d'un côté, les discours, fruit d'une exaltation passagère des facultés ; de l'autre, les avertissements mystérieux, les prophéties proprement dites, les actes de vue à distance, la première catégorie renfermant du reste avec les prédications des enfants, quelques-uns des faits les plus étranges de la merveilleuse épopée. Il nous reste, pour avoir fini notre description, à noter certains phénomènes exceptionnels, isolés au milieu des autres, broderie d'un instant sur la trame générale de l'inspiration.

C'est d'abord une insensibilité supérieure à celle que les convulsionnaires jansénistes ont manifestée. Lorsque Compan essaie de pénétrer dans le ciel dont la porte lui reste fermée, il bondit, lancé par une torpille invisible, à quinze ou vingt pas ; il tombe sur des souches de vigne et se relève sans aucune blessure, pour recommencer l'instant d'après [1]. Ce fait, attesté par l'inspiré lui-même, et par Jean Cavalier, témoin oculaire, n'est point isolé. Un jour, à Barre, le frère d'Elie Marion, qui possède « les grâces », reçoit de son moniteur invisible, l'ordre de se frapper la poitrine à coups de couteau. « Ne crains point, lui dit l'Esprit, car je ne permettrai pas que tu sois blessé ». « Mon frère insista, rapporte le témoin, en demandant des couteaux ; mais il ne s'en trouva qu'un ; il estoit grand et pointu. Il le prit de la main droite, et il se frappa plusieurs fois de la pointe le ventre et l'estomac, avec une très grande force ; mais son corps résistoit, comme s'il eût esté de fer, et son habit mesme ne fut pas percé. Tout le monde estoit effrayé et fondoit en larmes. J'estois présent [2] ». Dans certains

[1] *Théâtre sacré*, pages 55 et suivantes.

[2] *Ibidem*, p. 74. Y avait-il là un fait analogue, à celui que présenta, en 1857, Honorine Séguin, âgée de quatorze ans, et habitant la Haye, dans le département d'Indre-et-Loire ? La robe de cette émule d'Angélique Cottin, la fille électrique, devenait, à certains

cas rares, il semble que l'ardeur même du feu ait été réprimée. Nous avons mentionné le passage de Clary au travers des flammes, et donné nos raisons pour ne pas nous ranger à la négation intéressée d'Antoine Court (pages 64 à 67). Les Camisards furent aussi persuadés que les balles de leurs ennemis étaient rendues inertes. « Je suis assuré, dit Elie Marion, que comme Dieu réprimoit, quand il lui plaisoit, la force du feu et qu'il faisoit parmi nous d'autres merveilles semblables, il arrestoit aussi la force des balles de fusil, de sorte qu'elles frappoient quelquefois à plomb ceux que Dieu vouloit garantir, sans qu'ils en fussent offensés. Un de nos soldats m'a fait voir son justaucorps percé de trois balles, à deux pouces l'une de l'autre, vis-à-vis des reins, m'assurant qu'il avoit pris les trois balles, qui estoient demeurées entre la chemise et la chair. Un de mes amis receût un coup de fusil tiré d'une fenestre en bas, où il estoit ; la balle perça la forme du chapeau sans le blesser, et il la prit entre le chapeau et ses cheveux. Ceux d'entre nous qui, avant que de s'engager dans les batailles, ou en d'autres occasions, avoient esté avertis dans l'Inspiration qu'ils

moments, tellement rigide par l'afflux d'un fluide mystérieux, qu'elle sonnait comme du carton lorsqu'on la frappait avec un corps dur. (Figuier, *Histoire du merveilleux*, Tome IV, 185).

n'avoient rien à craindre, ce qui estoit ordinaire, n'ont jamais esté, que je sache, ni tuez ni blessez. Peu de temps après que j'eus pris les armes, l'Esprit m'assura que je serois garanti des dangers de mort, et que je verrois la fin de cette guerre. » A notre sentiment, ces derniers faits ne sont ni plus ni moins croyables que celui dont le frère de Marion fut le héros à Barre des Cévennes, et nous avouons ne pas discerner pourquoi on accepteroit l'un, en repoussant dédaigneusement les autres comme impossibles.

Restent deux phénomènes, moins difficiles à admettre, mais aussi moins généralisés et moins importants que les autres. La faim et la soif sont parfois suspendues chez l'inspiré ; il jeûne, l'Esprit le lui ayant commandé, et cela sans que ses forces soient aucunement diminuées. « Pendant trois fois vingt-quatre heures, dit Jean Cavalier, je fus... sans boire, ni manger, ni dormir... On fut bien convaincu dans la Famille, par l'estat plus extraordinaire que jamais où on me vit alors, et mesme par le prodige d'un jeusne de trois jours, après lequel je n'eûs ni faim, ni soif, qu'il falloit que des choses semblables vinssent de la Souveraine Puissance ». Chose digne de remarque ! Le second fait de cet ordre, relaté dans le *Théâtre sacré des Cévennes,* concerne Elie Marion, qui, comme Cavalier, eut les lèvres longtemps scellées. L'Esprit lui ayant commandé de jeûner trois jours entiers, il assista soir et matin aux exercices publics de dévotion pratiqués dans les églises françaises de Londres où il habitait alors ; « il agit comme à l'ordinaire, sans que dans tout ce temps-là, il sentît aucune faiblesse, ni désir de boire ou de manger, ni altération à sa santé. » Peu de semaines après, il passa six fois vingt-quatre heures sans autre nourriture qu'un frugal repas, toujours par ordre de l'Esprit, et toujours sans en être affecté.

Certains inspirés pleuraient du sang. Ce fut le cas, entr'autres, au témoignage de L'ouvreleuil, d'une femme du Vivarais (avril 1701)[1]. Mais lorsque l'historien catholique ne veut voir dans ce phénomène que la perversion d'une fonction du sexe, il oublie ou il ignore l'expérience d'Elie Marion, sur laquelle nous possédons un témoignage aussi précis que circonstancié. « Comme Salomon (Couderc) finissoit sa prière, je fus saisi de l'Esprit, qui me fit prononcer diverses choses ; et mon âme estant toujours frappée des mesmes idées, je répandis des larmes de sang en abondance. Le sang estoit vermeil comme s'il eust sorti de mes veines. Il en coula sur mon habit, et sur mon fusil, et mesme jusqu'à terre.

[1] *Fanatisme renouvelé*, I. p, 12.

Ces pleurs extraordinaires furent versez dans la détresse de mon Esprit. Et cela arriva en présence d'un grand nombre de personnes, en plein midi, dans un lieu appelé les Vernèdes ».

Voilà le tableau rapide, mais néanmoins complet et fidèle, des faits qui constituent ce que l'on a nommé le prophétisme cévenol ou camisard. Il nous reste à dire brièvement les explications qui en ont été données, en exposant la nôtre, déjà indiquée ci-dessus : pages 80-84.

II

1. La première en date est celle des écrivains catholiques : l'inspiration cévenole serait l'œuvre du démon. Etant donnée la prétention de l'Eglise romaine à contenir seule, comme s'est exprimé quelque part Henri Lasserre, « Dieu tout entier, » et le fait, avoué par L'ouvreleuil et d'autres, que, vers 1700, « la foi se ruinait tout les jours » dans les Cévennes, les foules s'éloignant « dégoûtées des Saints Mystères, » il faut lui reconnaître une certaine logique. De là probablement, le titre de « démoniaque, » donné dans ce camp sans ménagement à ceux

qui avaient reçu « les grâces. » Est-ce le sentiment instinctif que cette solution ne saurait tenir devant les faits, en particulier devant le fait incontestable que l'inspiration a produit la régénération de la vie, ou du moins en a toujours été accompagnée? Est-ce le souvenir de la question ironique et profonde de Jésus-Christ: « Comment Satan peut-il chasser Satan? » Ou bien la conscience vague que la raison la moins exigeante n'admettrait pas facilement la possession diabolique du Vivarais et du Languedoc, alors qu'ils étaient gardés par une armée de prêtres, sans parler des proscriptions de Louis XIV et de la soldatesque de Bâville? Toujours est-il que les écrivains catholiques ne se sont pas tenus à cette première solution. Sans paraître discerner la contradiction dans laquelle ils tombaient, sans voir qu'à bien considérer les choses leur double essai d'explication se rongeait lui-même, ils ont ouvertement accusé les prophètes d'imposture. L'ouvreleuil est à cet égard d'une naïveté fort peu charmante. Il passe sans façon d'une thèse à l'autre, de la possession à la tromperie, pour revenir, et s'arrêter enfin dans l'accusation vague de *Fanatisme*, qui, comme bien d'autres imputations vides de sens, a fait fortune, en vertu de son néant même. Vers 1701, les inspirés étaient au nombre de huit mille, dans les Cévennes et le bas Languedoc. Bâville ordonna à la faculté de médecine de Montpellier de s'assembler à Uzès, où une troupe de jeunes enfants, qui tous avaient reçu « les grâces, » étaient gardés en prison. Grand embarras dans la docte assemblée ! Elle ne pouvait songer à mécontenter « l'homme terrible, » qui, sous prétexte d'investigation scientifique, cherchait simplement la légitimation de ses violences. D'autre part, les choses merveilleuses dont elle était témoin s'imposaient, et ne s'expliquaient ni par la fraude, ni par la folie. En tout cas, il fallait parler. Les savants de Montpellier, prédécesseurs, mais non précurseurs de Boissier de Sauvages, déclarèrent les petits prophètes des « fanatiques », et Bâville se contenta de cet oracle obscur, qui laissait tout supposer, tandis que Brueys et L'ouvreleuil embouchaient la trompette à qui mieux mieux, afin que nul au moins n'en ignorât [1].

Aucun historien sérieux ne voudrait épouser aujourd'hui l'opinion qui fit fortune au début. Nous ne perdrons pas notre temps à discuter la possession satanique ; quant à l'accusation d'imposture, elle ne tient pas un instant devant les

[1] *De la nécessité de donner un prompt secours aux protestants des Cévennes.* Londres 1703, pages 12 et suivantes.

faits. Indépendamment du caractère de loyauté parfaite, que l'esprit le plus prévenu est obligé de reconnaître et d'admirer dans les émouvantes dépositions du *Théâtre sacré des Cévennes*, il restera toujours le courage, l'héroïsme même avec lequel les prophètes, petits ou grands, ont supporté la persécution, plutôt que de trahir ce qu'ils jugeaient un don céleste. Rien n'a eu raison d'eux : ni le fouet, ni la prison, ni la torture, ni même le dernier supplice, exécuté avec les raffinements de cruauté familiers à un âge encore barbare en dépit de ses splendeurs artistiques et littéraires. Cela est décisif. L'hypocrisie ne saurait tenir devant les roues ou les bûchers. Le mot de Pascal sur les chrétiens de la primitive Eglise, s'applique entièrement aux inspirés des Cévennes. Les « témoins qui se font égorger » méritent que l'on croie à leur sincérité.

*
* *

2. Tandis que les catholiques dénonçaient « les grâces » comme un chef-d'œuvre de Satan, un grand nombre de Réformés y saluaient avec une joie triomphante l'intervention directe, inexplicable, miraculeuse, et pure de tout alliage, du Dieu pour la cause duquel ils avaient sacrifié les biens qui donnent du prix à la vie. Ce fut le cas des prophètes et de tous leurs adhérents. Cer-

tains démentis pénibles donnés par les faits, la ruine finale de l'insurrection, les infortunes de Londres, purent ébranler un instant leur conviction, mais ne réussirent pas à la détruire. Et certes, quoi qu'on pense du recueil de leurs extases et des récits de leurs expériences venus jusqu'à nous, il faut admettre qu'il y avait dans le commerce des inspirés une puissance singulière, pour qu'un homme de la valeur de Nicolas Fatio, leur soit resté fidèle au travers de toutes leurs vicissitudes et jusqu'à sa mort. La question se posait alors étroite, rigide : tout ou rien, tout de Dieu ou rien de Lui. C'est ainsi que l'a reprise de notre temps l'original et pieux Bost père. Ayant, vers 1847, rencontré le *Théâtre sacré*, déjà fort rare alors, il en donna une édition qui a le défaut grave de n'être pas exacte ; il l'enrichit de notes nombreuses, développées parfois, et destinées pour la plupart à poser, de concert avec une préface qui était un manifeste, la thèse de l'origine uniquement et absolument divine de l'extase cévenole[1]. Ou nous nous trompons fort, ou l'auteur de *Christianisme et Théologie* ne la soutiendrait plus aujourd'hui. Parfois, il a laissé percer son embarras en face

[1] *Les prophètes protestants*, réimpression de l'ouvrage intitulé *le Théâtre sacré des Cévennes*. Avec une préface et des notes, 192 pages in-8.

de certains faits étranges, qu'il n'osait rapporter au Saint-Esprit, tandis que son point de vue général l'y contraignait. Intelligence vigoureuse et cœur droit, il n'aurait, mieux éclairé, pas hésité à l'abandonner. Qui sait s'il ne l'eût pas fait avec une impression de soulagement ? Même lorsqu'on ne prête pas l'oreille aux rapports des Fléchier, des Brueys et des L'ouvreleuil, il reste dans le prophétisme cévenol des traits contre lesquels la conscience chrétienne s'insurge de la façon la plus décidée. On y sent distinctement un mélange. Puis, sans entrer dans la question délicate de savoir si oui ou non les Camisards ont eu raison de prendre les armes, et en mettant leur conduite au bénéfice de toutes les excuses, il reste à leur charge bon nombre d'actes coupables, qu'il faudrait glorifier, si le Dieu saint les avait commandés. Il est heureux que nous ne soyons pas acculés dans cette impasse.

*
* *

3. Nous le devons à une troisième classe d'explications, que nous appellerons *scientifiques*. Un médecin de génie, Boissier de la Croix de Sauvages (1706 - 1767), émit le premier l'idée que la clef des mystères du prophétisme devait être cherchée dans des troubles nerveux d'une

nature spéciale. En 1845, M. Calmeil est entré avec résolution dans cette voie[1]. Analysant les événements qui mirent en feu les Cévennes, il arrive à les rapporter sous le titre commun de *Théomanie extato-convulsive*, à l'hystérie et à l'épilepsie. Tel est aussi l'avis du docteur Bottey, dont le récent ouvrage sur l'hypnotisme, n'apporte guère de lumières nouvelles[2]. Par là s'expliquent assurément bon nombre de faits, tels que la surexcitation de l'intelligence, et les angoisses de l'entrée en inspiration. Mais que deviennent les phénomènes de pénétration spirituelle? Et ceux de seconde vue? Et les prédications des enfants à la mamelle? Que devient surtout la régénération intérieure, persistant même après que « les grâces » ont diminué ou disparu? L'explication est manifestement insuffisante. Un vulgarisateur érudit et habile l'a senti. Dans son *Histoire du merveilleux*[3], M. Louis Figuier, déclare ne faire ren-

[1] *De la folie, considérée aux points de vue pathologique, philosophique, historique et judiciaire.* 2 vol. in-8.

[2] *Le magnétisme animal.* Etude critique et expérimentale sur l'hypnotisme ou sommeil nerveux. Vol. in-12, 1884.

[3] *Tome II*, pages 3-250.

trer le prophétisme cévenol dans aucun cadre nosologique, et y voir le fruit d'une surexcitation nerveuse excessive, conséquence, à son tour, des plus terribles persécutions. Il ne serait, selon lui, pas difficile de trouver des analogues dans l'histoire des Convulsionnaires jansénistes, dans celle de l'Anabaptisme, et vers 1844, chez les *Rœstars* suédois, rapprochés par M. Bost des Camisards avec une évidente satisfaction. Cela a le désavantage d'être peu précis. Puis, la suppression partielle de l'espace, la prévision de l'avenir restent entièrement inexpliquées. Et la lumière ne rayonne guère plus que dans les délibérations de la Faculté de médecine de Montpellier, lorsque M. Douen nous déclare que les malheureux prophètes s'enfoncèrent « dans les abîmes de la subjectivité »[1]. A tout le moins, il faut confesser que ces abîmes rencontrèrent plus d'une fois la réalité objective.

C'est à un ecclésiastique qu'il appartient d'avoir fait faire un pas décisif à la question. En 1861, M. Alfred Dubois, pasteur à Anduze, a publié sur l'inspiration, une étude remarquable à tous égards[2]. Pour l'expliquer, il en appelle essentiellement à ce qu'il nomme le somnambu-

[1] *Les premiers pasteurs du désert.* Tome II.

[2] *Les prophètes cévenols.* 157 pages in-8.

lisme magnétique, c'est-à-dire à l'hypnotisme, ou sommeil nerveux, qu'il rattache, indûment peut-être, à la saturation de l'organisme par un fluide spécial, encore mal étudié, mais capable de produire dans la personnalité humaine les résultats les plus étranges, et, en apparence du moins, les plus merveilleux. Citant des magnétiseurs experts, auxquels il accorde à notre sentiment trop de créance, il voit dans le sommeil magnétique un état où « l'âme se dégage de la matière et jouit de ses facultés propres », en même temps qu'il fait remarquer avec beaucoup de sens, que si cet état provoqué artificiellement offre de semblables caractères, il doit être, lorsqu'il jaillit d'une façon immédiate et spontanée, bien plus saisissant et bien autrement glorieux. Loin de vouloir rabaisser le prophétisme camisard , M. Dubois aspire à le sauvegarder en le mettant en relation avec « les splendeurs mystérieuses du magnétisme animal ». Il faut en tout cas applaudir à l'émotion sincère et généreuse avec laquelle il parle de sa « haute et incontestable spiritualité » [1]. L'étude qu'il a donnée restera comme ayant marqué un progrès. Nous sommes heureux de lui rendre hommage, quoique nous ne puissions en estimer les conclusions suffisantes.

[1] *Les prophètes cévenols*, pages 151, 153, 154.

*
* *

Le magnétisme (nous employons ce mot sans prétendre trancher la question de la réalité du fluide), rend bien compte de plusieurs des phénomènes du prophétisme cévenol. Ainsi de l'insensibilité, pareille, dans plusieurs cas, à celle de la bergère de Crest, qui pouvait, au dire de Jurieu, « être piquée jusqu'au sang, pincée, brûlée », le tout « sans se réveiller » [1]. Il en est de même de la surexcitation de l'intelligence, sauf pourtant chez les enfants à la mamelle, dont les extases constituent un groupe de faits isolé, hors pair, et dès lors inexpliqué pour l'heure, en dépit des hypothèses plus ou moins plausibles que l'on a tentées. Mais il est d'autres points dont la solution par le magnétisme nous semble se heurter à des difficultés insurmontables. Nous en avons déjà noté un. On nous permettra d'y revenir en finissant, car il est capital.

Dans le sommeil nerveux, la personnalité est effacée à tel point, qu'une volonté étrangère se substitue à la volonté propre, la conscience étant troublée, ébranlée, sinon même bouleversée dans ses dernières profondeurs. Au

[1] *Lettres pastorales.* Tome III. Lettre III (1er octobre 1688).

témoignage du docteur Bottey, il serait aisé de faire commettre des crimes à des personnes d'une haute vertu. Plus de vie morale, ni de vie religieuse ; passivité pure ; des gens pieux blasphèmeront comme des païens, tandis que des athées se prosterneront dans toutes les ferveurs du sentiment chrétien. On fera même croire au « sujet » qu'il appartient au règne animal, et on l'amènera à se traîner comme un reptile.... Or jamais cela n'a lieu dans l'inspiration cévenole. La personnalité y subsiste. La foi religieuse continue à briller comme un soleil. Elle commande tous les faits, et l'hypnotisme, loin de se montrer un maître, apparaît nettement le serviteur des énergies les plus profondes de la conscience. La vie de la foi abandonne-t-elle le prophète ? Il perd infailliblement et rapidement ses grâces. Ç'aurait été, nous en convenons, avec une profonde répugnance, que nous eussions rattaché à un état maladif, des régénérations, des résurrections spirituelles souvent admirables. Nous n'aurions cependant pas reculé, si les faits l'avaient exigé. Mais tel n'est pas le cas. Entre le somnambulisme magnétique ordinaire et l'inspiration cévenole, il y a des ressemblances superficielles, et une différence assez profonde, assez radicale, pour établir une opposition. L'hypnotisé cesse d'être *lui* ; le prophète reste *lui* toujours. L'hypnotisé perd la conscience de soi et la conscience morale ; le prophète les conserve toutes deux, dans le sentiment de son péché et de son pardon, de sa misère et de son adoption par son Dieu. Nous ne voyons qu'un moyen de rendre compte «des grâces » par le mécanisme ordinaire du sommeil nerveux, c'est de supposer en celui qui les avait reçues un dédoublement de la personnalité, fruit d'idées fixes, élevées dans un état de véritable démence, jusqu'à la consistance d'un fantôme divin. Mais le fait serait sans analogue, et, malgré nos efforts, nous n'arrivons pas à en concevoir la possibilité. Poussée dans ses derniers retranchements, la solution purement naturaliste devient plus difficile à admettre que tous les mystères dont elle a la prétention de donner la clef.

Le plus simple et le plus sage, c'est, nous semble-t-il, de regarder au-dessus de ce monde et d'admettre dans le prophétisme cévenol, qui, sans cela, redisons-le, demeure une énigme inexpliquée, une influence, une action divines, usant des forces étranges du magnétisme, pour atteindre à des résultats irréalisables par d'autres moyens. Après tout, Dieu, s'il est vraiment, comme nous le croyons, une Providence, un Père tendre et fidèle, ne devait-il pas secourir ses enfants, et quels enfants ! dans les effroyables épreuves au travers desquelles ils passaient ? Ne devait-il pas se servir des moyens les mieux appropriés à son but : consoler et fortifier ? Dans ces scènes, où l'homme a pu mêler ses imperfections, ses misères, et l'a souvent fait, mais qui n'en sont pas moins glorieuses, nous cherchons Dieu, et nous le devinons au fond. Certes, le magnétisme y est réel ; il y agit même avec avec force, mais il n'y est pas tout ; il ne vient qu'en second rang, à titre de moyen, d'instrument, entre les mains d'un Etre puissant et secourable. Voilà pourquoi il n'a pas attaqué les racines de l'individualité, les forces vives de la personne. Si le panthéisme veut la destruction de la conscience, le spiritualisme chrétien, la philosophie de la liberté et de l'amour, expression de celui qui est la Personnalité même, en veut le triomphe ! Cherchons-nous, au moment de poser notre plume, à marquer les facteurs qui seuls rendent compte des faits, de tous les faits de l'Inspiration ? Nous disons : la vie religieuse des Cévenols d'abord ; ensuite, les énergies étranges, mystérieuses, sublimes, mais effrayantes, mais dangereuses du magnétisme, soulevées, et bouillonnant comme jamais ce ne fut le cas peut-être, et enfin, au-dessus de tout cela, Celui qui préside aux destinées de l'histoire, Celui qui veille sur son Eglise : Dieu, le Dieu personnel, vivant et vrai !

ERRATA

Page 15, lignes 17 et 18. Au lieu de : *Histoire de la Révocation de l'Edit de Nantes,* lisez : *Histoire de l'Edit de Nantes.*

Page 77, note, lignes 14 et 15. Au lieu de : Daudé, Fatio et Portalès, lisez : Marion, Daudé et Fatio.

TABLE DES MATIÈRES

CHEZ TOUS LES LIBRAIRES

Ouvrages de M. J.-ALFRED PORRET

Sermons. Un beau volume in-12 (1881) 3 50

La Joie de Noël. Discours. In-18 (1879) 0 40

Vie ou mort. Discours adressé à des catéchumènes. *Seconde édition.* In-18 (1880) 0 30

Les Devoirs du fidèle envers son Eglise et le règne de Dieu. Discours. In-8° (1883) 0 50

Le Bouddha et le Christ. *Fatalité ou liberté.* Un beau volume in-12 (1879) 2 50

L'Etre infini doit-il être conçu comme personnel? Fragment philosophique. In-18 (1881) 0 70

Un Miracle au XIXe siècle. Etude historique. In-12 (1881). (*Traduction en allemand.*) 0 80

John Bunyan. Esquisse biographique et littéraire. In-12 (1884) 0 75

Pour paraître prochainement :

Le Salut de Dieu. Manuel d'instruction évangélique à l'usage des catéchumènes. Un volume.

Le Théâtre sacré des Cévennes, réimprimé sur l'édition originale de 1707, avec une introduction, des notes et en appendice des documents relatifs au prophétisme camisard. Un volume.

La Philosophie du désespoir. Histoire, exposé, discussion. Un volume.

www.ingramcontent.com/pod-product-compliance
Lightning Source LLC
Chambersburg PA
CBHW072101090426
42739CB00012B/2836

* 9 7 8 2 0 1 2 6 7 8 5 0 7 *